新时期
农村社会保障体系研究

孔云梅◎著

中国水利水电出版社
www.waterpub.com.cn
·北京·

内 容 提 要

本书主要对我国农村社会保障的发展做出了相关的探索与研究。总体上看，本书循着我国农村社会保障的现状与问题、农民工社会保障、农村社会保障的改革与探索的思路进行撰写。在内容安排上，主要为农村社会保障的概况、农村养老保障、农村医疗保障、农村社会福利、农村社会救助、农民工社会保障、农村社会保障改革和国外农村社会保障借鉴等。

图书在版编目(CIP)数据

新时期农村社会保障体系研究/孔云梅著. —北京：中国水利水电出版社，2016.12 (2025.4 重印)

ISBN 978-7-5170-4940-1

Ⅰ.①新… Ⅱ.①孔… Ⅲ.①农村—保障体系—研究—中国 Ⅳ.①F323.89

中国版本图书馆 CIP 数据核字(2016)第 296773 号

责任编辑：杨庆川　陈　洁　　　封面设计：崔　蕾

书　名	新时期农村社会保障体系研究 XINSHIQI NONGCUN SHEHUI BAOZHANG TIXI YANJIU
作　者	孔云梅　著
出版发行	中国水利水电出版社 (北京市海淀区玉渊潭南路 1 号 D 座 100038) 网址：www.waterpub.com.cn E-mail：mchannel@263.net(万水) sales@waterpub.com.cn 电话：(010)68367658(营销中心)、82562819(万水)
经　售	全国各地新华书店和相关出版物销售网点
排　版	北京鑫海胜蓝数码科技有限公司
印　刷	三河市佳星印装有限公司
规　格	170mm×240mm　16 开本　15.5 印张　201 千字
版　次	2017 年 1 月第 1 版　2025 年 4 月第 4 次印刷
印　数	0001—1500 册
定　价	46.50 元

前　　言

作为一个发展中的农业大国，农民问题在任何时候都是一个带有全局性和战略性的问题，因为农业是我国社会稳定的基石。我国虽然是一个农业大国但并不是一个农业强国，农村经济发展的滞后使得我国农业人口社会保障制度的建设和发展动力不足，目前我国的农村社会保障制度仍然处于比较落后的状态，农村社会保障制度的确立和完善还有很多问题亟待解决。建立和完善农村社会保障制度是我国全面建设小康社会的重要内容，也是我国开展新农村建设、提高农村地区经济地位、维护我国社会稳定的一项基本措施。

目前，我国已经在农村地区全面推广新型农村合作医疗制度、新型农业保险制度、新型农村养老制度等一系列政策和措施，我国农民也开始逐渐认识和享受他们的社会保障权益。但是，由于自身和环境因素的种种限制，这些农民对正在实行或者将要实行的保障制度的认识和理解层次只停留在整个制度的某几项与自身利益关系最紧密条款之上，他们对整个保障制度并没有形成一个准确、全面的认识。因此，为了让广大的农民朋友更加详细和全面地了解我国农村社会保障制度、熟悉相关法律法规，我们将在本书中对这些制度和政策进行详细的介绍。此外，本书在编写过程中融入了不少笔者的观点和早期论文，因此本书也可以看作是对我国农村社会保障制度的一次剖析，在本书创作完成后，笔者希望这些研究能够为我国农村社会保障制度的发展和完善提供一些思路和想法。

本书共分八章对我国的农村社会保障体系做了系统的介绍与剖析，第一章为总体框架，对我国农村社会保障制度的发展历史以及发展现状等情况进行了介绍；第二、三、四、五章从农村社会养老保障制度、医疗制度、社会救助制度以及社会福利制度四个方面系统地对农村养老保障体系进行了分析和描述，主要包括农村社会养老保障、医疗、福利以及救助的发展历史、发展现状、存在的主要问题以及笔者对解决这些问题和矛盾提出的建议和策略；第六章对我国农村中的农民工群体的社会保障问题做了研究；第七章对我国农村社会保障制度的改革进行了探索；第八章对西方国家农村社会保障制度建设做了相关研究。为了降低阅读难度，增加读者的阅读兴趣，本书大大减少专业、晦涩词语的使用篇幅，希望能对读者的阅读流畅性起到一定作用。

本书在撰写过程中，参考了大量的资料和文献，限于篇幅，作者并未一一列出。在此，笔者向这些文件的作者、出版机构表示最诚挚的感谢！虽然笔者已尽了自己最大的努力，但是由于个人时间和创作精力的限制，书中难免会存在一些缺陷和不足，真诚希望广大读者能及时对这些不足和缺陷进行批评和指正，笔者必将虚心接受。

作　者

2016 年 9 月

目　　录

第一章　新农村社会保障体系总体框架

社会保障体系的建设和完善是我国全面建设小康社会的重要组成部分，但统观我国的社会保障制度，很多问题还没有得到有效的解决，尤其是农村社会保障制度更是我国社会保障体系的薄弱环节。在本章里我们将会对我国农村社会保障体系的产生、发展、现状以及当前农村保障存在诸多问题进行讨论与研究，让大家对我国的农村社会保障体系有一个全面的认识。

第一节　农村社会保障体系的历史沿革与现状

我国农村社会保障制度是由农村社会救助、农村养老保障制度、农村医疗保障制度和农村社会福利事业共同组成的一个完整的保障体系。新中国成立以来，它历经了三次制度变迁，每次变迁都有各自的特点。

一、农村社会保障伊始与曲折：1950—1978

新中国成立以后，中国共产党领导的中国政府对我国农村社会保障制度极为重视。百废待兴，新中国政府积极推进社会保障工作的开展，对受灾群众、受伤战士开展了社会救助与保障工作。1949 年 12 月政务院发布了《关于生产救灾的指示》，1950 年确立了“依靠群众、生产自救为主，辅之以国家必要救济”的农村社会保障总方针，同年 12 月内务部公布了《革命烈士家属、革命军人家属优待暂行条例》《革命残废军人优待抚恤暂行条例》《革命军人牺牲、病故褒恤暂行条例》和《民兵民工伤亡抚恤暂行条例》等社会保障政令法规，初步稳定了我国长期战乱造成的混乱的社会局势。

1956年以后，农村人民公社体制的确立使我国农村社会保障建设逐步走上正轨，建立起了以集体经济为基础和保障的复合型社会保障制度。这一制度框架包括以救济贫弱为重点的扶贫制度、以照顾和优待烈军属为内容的优抚制度、“五保”制度和农村合作医疗制度。

1958年农村人民公社建立后，国家加强了人民公社对生活贫困的社员的社会救助，采取的方式主要有以下三种。

(1)年初评定补助工分，并计入当年的劳动统计手册，年终根据劳动量对劳动成果进行分配兑现。

(2)根据年终分配收入情况，适当补助工分或粮食。

(3)从集体公益金中提取补助费，补助贫困户，保障每一个农民的基本利益。

1956年，“五保”制度正式在我国农村施行，该年6月出台的《高级农村生产合作社示范章程》对“五保”对象和“五保”内容做了初步规范，构建起了“五保”制度的基本框架。1964年10月通过的《1956—1976年全国农业发展纲要》又增加了“保住”“保医”等内容，对“五保”制度进行了进一步的完善。

我国的农村合作医疗制度开始于20世纪50年代，其创建的初衷是解决农民看不起病的问题，但是这一时期的合作医疗制度并没有以法律的形式正式确立。1960年2月，卫生部出台的《关于农村卫生工作现场会议的报告》正式将这一制度称为集体医疗保健制度，开始在全国推行。

我国的社会优抚制度在1956年农业合作化运动后也随着机体经济的确立而出现了新的变化，主要体现在劳动日数评定制度上。具体来说就是农村集体经济组织对烈士军属，按照家庭和个人情况，在春季评定一年内应做的劳动日数，如果其收入在劳动日数内落后于其他成员的平均水平，那么优待一定数量的劳动日。

二、农村社会保障的平稳发展：1978—2002

建立于20世纪五六十年代的以集体经济为依托的农村社会保障项目，随着我国市场经济的引入保障效果大大降低。因此20世纪80年代以后，我国又开始了新一轮的农村社会保障制度创新与改革工作，其措施主要体现在以下几个方面。

（一）转变社会救助方式

在社会救助方式上，由原来的被动救贫转变为主动扶贫。从1986年起，党和政府在全国范围内开展大规模的扶贫计划，并且成立了专门的扶贫机构，通过“以工代赈”等方式，增强贫困人口的自救能力。1994年3月，国务院颁布《国家“八七”扶贫攻坚计划》（以下简称《计划》）[①]，计划从1994年到2000年，集中人力、物力、财力，动员社会各界力量，力争用7年左右的时间，基本解决农村8000万贫困人口的温饱问题。2001年5月，国务院又制定了《中国农村扶贫开发纲要（2001—2010）》[②]，该《纲要》将扶贫工作的开展扩大到了更广的领域，并且将贫困地区尚未解决温饱问题的贫困人口作为重点扶贫对象。

（二）实施乡镇“五保”统筹制度

这一时期，我国政府针对“五保”供养制度的资金筹集方式进行了改革，该项改革从1985年起在全国逐步推行，经费由乡镇统筹，并加强了对农村敬老院的硬件建设和完善，并初步建立了“五保”服务网络，进一步完善了我国的“五保”制度，强化了该保障制

① 国家八七扶贫攻坚计划（1994—2000年）［EB\OL］．新浪网：http://news.sina.com.cn/2004－08－25/17534137022.shtml

② 中国农村扶贫开发纲要（2001—2010年）［EB\OL］．新浪网：http://news.sina.com.cn/2004－08－25/17564137039.shtml

度的保障效果。

（三）建设农村最低生活保障制度

在经济较发达地区建立农村最低生活保障制度，在经济欠发达地区建立特困户生活救助制度，向农村生活困难人员提供现金、食物和服务方面的救助，资金由国家和集体负责解决。

（四）试点农村养老保险

农村养老保险试点工作开始于1986年，并在1992年由民政正式出台《县级农村社会养老保险基本方案（试行）》[①]。该方案对农村社会养老保险制度进行了大致的描述，主要内容有以下几个方面。

第一，农村养老保险的目的是保障农民的基本生活，其原则是效益优先、兼顾公平。

第二，农村养老保险的模式主要是政府引导和组织，农民自愿参加。因此，其资金筹集也是“个人缴费为主、集体补助为辅，国家予以政策扶持”。政府政策扶持主要体现在乡镇企业职工参加养老保险可以作为企业成本的一方面进行税前列支。

第三，建立个人养老金账户，将个人缴费与集体补助的数额记录在个人名下，未来领取养老金的数额与个人账户资金积累数额挂钩，个人保险金可以作为个人财产的一部分进行集成。

第四，以县为单位进行养老保险资金的筹措与运营管理。

第五，农村各类人员适用统一的社会养老保险制度，实行务农、务工、经商等各类人员养老保险一体化安排，对于参保人员进行统一编号，统一管理。

第六，保险对象一般来说从60周岁开始领取养老金，保证期为10年。对于保证期，我国规定是如果在保证期内领取养老金

---

① 县级农村社会养老保险基本方案（试行）[EB\OL]. 中国政府网站：http://www.gov.cn/banshi/2005-08/04/content_20283.htm

对象身故，其法定继承人或者指定继承人可以领取到10年期满或者一次性全部继承。对于超过10年的长寿者，养老金可以一次性领取到身故为止。月领取标准为0.008631526×积累总额。

这项制度在1999年以后因为各种原因被叫停，此间，仍有5000万的人口享受社会养老保险。

（五）进行新型农村合作医疗试点工作

1997年5月，国务院批转了卫生部等部门发的关于发展和完善农村合作医疗的若干意见。农村合作医疗将要按照“民办公助、自愿量力、因地制宜的原则”对原农村合作医疗制度进行重建。在这期间，试点推广的成效不大，在全国范围并没有完全推广开。

（六）对优抚安置工作进行改革

1984年5月，全国人大通过了《中华人民共和国兵役法》，1987年12月，国务院颁布《退伍义务兵安置条例》，次年7月又发布《军人抚恤条例》，这些法规明确我国军人优待抚恤制度实施的基本原则，实行国家、社会与群众三结合的优抚工作制度。这一系列条例更改了军人的优待制度，开始实行由乡镇人民政府平衡负担的形式对农村义务兵家属进行优待。乡镇人民政府统一筹集优待资金，统一制定优待标准，并统一进行兑现。

近年来，各地还在探索新的社会优待资金统筹方式，逐渐从农民扩大到干部、职工和个体工商户。优待资金的使用范围也在扩大，除了义务兵家属之外，其他优抚对象如乡村复员军人、烈士军属都逐渐列入优待范围之内，重点照顾贫困家庭的复员军人。随着“抚恤”标准的提高，农村“三属”的抚恤方式确定为定期抚恤，农村退伍安置工作从抚慰转向开发支持退伍军人再就业。

三、推进多元化的农村社会保障：2002年至今

进入21世纪后，我国经济重新步入高速增长的轨道，国家经

济实力迅速增强，但是区域发展不平衡的问题并未得到解决，甚至有愈演愈烈的趋势。在这种历史背景下，党的十六大对我国的发展思路做出了战略性的调整，将统筹城乡统一发展纳入了我国社会经济发展体系之中，并将逐步解决“三农”问题作为当前农业发展的重点问题。为了适应新的社会形势和国家战略，政府在这一时期对我国的农村社会保障制度进行了以下几个方面的调整和完善。

（一）新型农村合作医疗制度在全国范围内推广

在1999年，随着农村合作医疗制度试点的失败，中共中央、国务院又重新提起了农村合作医疗制度工作，并在2002年发布了《关于进一步加强农村卫生工作的决定》。这一《决定》提出要建立适应农民医疗需要的新型农村合作医疗制度，决定建立由农民自愿参加，政府、集体、个人多方筹集资金的新型农村合作医疗制度，并逐渐向全国范围推广，在2010年实现全国覆盖。[①]

（二）结合农业建设实施新型“五保”供养制度

在2006年，国务院常务会议通过了《农村五保供养工作条例》计划将农村“五保”供养对象列入财政供养范围，资金安排由地方人民政府负担，对于有困难的贫困县，中央财政将在资金上给予适当补贴。这一制度实行以后，农业建设的资金压力将会进一步减轻，更有利于农业发展。

（三）确立农村最低生活保障制度

2007年，国务院颁布了《关于在全国建立农村最低生活保障制度的通知》。这一通知要求在全国范围内建立农村最低生活保障制度，给予农村贫困人口一定的生活保障。资金的筹集主要以

---

① 《关于进一步加强农村卫生工作的决定》（中发[2002]13号）[EB\OL]. 中国政府网站：http://www.gov.cn/ztzl/fupin/content_396736.htm

地方财政为主，中央财政给予适当补助。

（四）全国试行新型农村社会养老保险制度

2009年9月，我国在推广新型农村合作医疗制度的经验基础上决定向全国推广新型农村社会养老保险试点工作，发布了《关于开展新型农村社会养老保险试点的指导意见》（以下简称《指导意见》）。这一《指导意见》确立了农村养老的基本原则，即要“保基本、广覆盖、有弹性、可持续”。从《指导意见》的内容中可以看出，这一原则主要包含以下四层含义。

（1）从我国农村实际出发，从养老保险低水平起步，将筹资标准和待遇标准同农村经济发展相结合，建立相适应的农村养老保障体系。

（2）个人（家庭）、集体、政府合理分担养老责任，要明确权利和义务的对应关系。

（3）走政府主导与农民资源相结合的方式，通过制定合理的参保方式逐步引导农民参保。

（4）中央只确定农村养老保险制度开展的基本原则和主要政策，具体实施要根据地方政府的情况灵活处理。

《指导意见》决定在2009年开始在全国10％的县（市、区、旗）开展养老保险试点工作，以后逐步扩大试点范围，在2020年之前基本实现适龄农民的全国覆盖。

（五）推进农村社会保障制度的其他措施完善

2003年，我国民政部、卫生部、财政部三部委联合颁发了《关于实施农村医疗救助的意见》（以下简称《意见》），《意见》要求对我国各级政府以及社会保障管理部门对农村“五保户”、农村贫困户家庭成员应该给予必要的医疗救助，保护贫困农民的基本生活权利。[①]

---

① 关于实施农村医疗救助的意见[EB\OL]. 民政部：http://www.mca.gov.cn/article/zwgk/fvfg/zdshbz/200712/20071210005478.shtml

2005年，国务院决定建立农村义务教育经费保障机制，逐渐由政府保障农村义务教育经费。义务教育费用改革制度逐步在全国开启。在2007年，国家全面推行农村义务教育阶段学生的“两免一补”政策，农村义务教育阶段学生全部免除学杂费和书本费，对家庭经济困难的学生实行生活补助制度。至此我国义务教育费用彻底被免除。

四、我国农村社会保障制度的现状

当前阶段，我国农村社会保障制度的组成可以简单概括为“一、二、三、四、五”，也就是一个主体，农民家庭自筹保障为主，两个辅助——国家和集体共同保障，三个层次——救助、保险和社会福利，四个重点——社会救助、养老保险、优抚安置和社会福利制度，五个网络——扶危济困网络、助残服务网络、养老敬老网络、优抚安置网络、婚丧服务网络。

（一）农村社会保障网络初步建立

我国农村社会保障制度是建立在农村社会保障网络的基础上的，这是我国农村社会保障制度建设的一项重要内容。农村社会保障网络的建成，对于我国农村社会保障政策的落实与资金管理都有非常重要的作用。20世纪90年代初至今，我国农村地区一直致力于建设社会保障网络。全国逐渐建立了以敬老院、福利工厂、基金会、优待乡镇为主干的农村社会保障网络。随着农村社会保障项目的不断深入开展，农村社会保障网络的乡镇数量以及各种形式的保障基金迅速增加。

发展农村社会保障网络对促进我国农村社会保障事业的发展有至关重要的作用，一方面起到了宣传作用，另一方面使得农村社会保障事业更加深入。

（二）农村养老保险制度稳步发展

20世纪80年代以前，在集体经济的基础之上我国一直采取以家庭为主，国家和集体保障为辅的农村养老制度。1986 年，我国农村经济制度改革使原有的农村养老保障体系瓦解，紧接着国家“七五”计划明确指出要抓紧建设社会主义新型农村养老保险制度的建设，并根据各地经济发展和人口状况，进行试点，并逐步推广实行。

民政部在 1992 年颁布了《农村社会养老保险基本方案》，提出我国农村养老保险的基本发展制度，对农村养老保险起到了重要的推动作用。在 2003 年，全国有 1870 个县市逐步开展农村社会养老保险工作，约有 5428 万农民参保，累积资金达到 259 亿元，198 万农民领取到了养老金。在 2004 年，中国政府开始了农村部分计划生育家庭实行奖励扶助制度以达到减轻独生子女养老压力的目的。对于只有一个子女或者两个女孩儿的家庭，政府给予年满 60 周岁的家庭每年不低于 600 元的奖励扶助金，直到亡故为止。该项基金由中央和地方共同负担。

现阶段，我国农村社会养老保险制度资金筹集“以个人缴费为主、集体为辅、国家政策扶持”为基本原则。政府组织和农民自愿结合的原则，实现个人账户、缴费与集体补助全部计入个人名下，以县为单位进行基金的管理和运营。

（三）农村医疗保障制度创新发展

农村医疗保障制度是农村社会保障体系中的重要组成部分。在 20 世纪 80 年代，传统的合作医疗制度逐步解体，农村医疗保障制度重新进行改革。从上文的论述可以看出，在 1999 年，我国农村医疗改革曾经出现过一次失败。随着我国 2003 年的非典危机之后，农村医疗保障呈现出了严重的危机，中共中央决定加强农村医疗保障工作，推进农村新型合作医疗制度的建设，要求全国范围内施行新型合作医疗建设，先在一部分地区进行试点，取得相关经验以后逐步推开。目前新型农村合作医疗制度已经在全国范围内展开，以大病保障的模式给农民健康保障带来了新的希望。

（四）农村社会救助全面展开

党和政府从社会主义建设的高度出发，非常重视社会救助工作。第八次召开的全国民政会议将社会救助工作方针设定为“依靠群众，依靠集体，生产自救，互助互济，辅之以国家必要的救济和扶持”。这一方针是对我国社会救助经验的重要总结，同时也是对我国农村社会救助的重要发展。在这一原则的基础上，国务院主持分颁布了《农村五保供养条例》（以下简称《条例》），正式通过法规的形式确定了农村五保供养的模式，对其供养对象、内容、形式都做出了明确规定。2006 年 3 月，国家召开《农村五保供养条例》学习贯彻的视频会议，宣布将新修订的《农村五保供养工作条例》作为指导下一阶段农村五保供养工作的新方针。在这一方针之下，我国农村五保供养工作迈出了新一步，农村五保供养实现了新的变革。

农村社会救助工作的另一项重要内容即是扶贫。它产生于 20 世纪 50 年代，由于受到诸多因素的制约，我国扶贫工作长期局限于救济扶贫。国务院于 1983 年成立全国扶贫工作小组，将扶贫工作推向新的阶段，一方面在组织上保证了扶贫工作的开展，另一方面则在资金上给予全面的支持。农村扶贫工作开始在全国开展起来。在 1994 年，国务院制定新的扶贫计划，名曰《国家八七扶贫攻坚计划》，提出了 7 年时间解决 8000 万农村贫困人口的温饱问题。国家通过财政、金融和社会其他力量的支持，鼓励和倡导富裕地区开展针对贫困地区的帮扶，争取实现贫困地区早日脱贫。

随着我国社会各项事业的开展，农村社会救助项目不断增加，内容也日益丰富。当前农村社会救助的主要内容包括了传统的救济和最低生活保障制度，也逐渐将救济内容转化为针对农村五保户、困难户的医疗、教育、住房、司法、科技等多个方面的救助。

（五）农村福利事业逐步推进

社会福利制度是指政府推行的福利政策、设施和其他社会公益事业。在新中国成立之初，我国农村福利制度就不断展开，但是由于农村人口众多，居住分散，政府投入又有限，农村社会福利开展起来比较困难。当前农村社会福利设施主要包括县、乡、村各级政府兴办的敬老院、福利院和光荣院。有一部分地区还建立了卫生院、医疗站，以解决农村地区看病难的问题。经济较为发达的地区则增添了一些文化娱乐设施。现在不少农村地区逐渐把农村福利事业作为发展农村的一个重要方向。乡、村政府将多项社会福利事业作为增加农民收入的一个重要渠道，以壮大农村集体经济。

在 20 世纪 80 年代以后，随着我国市场经济的发展，农村社会福利事业得到了新的巩固与发展。一方面农村社会福利项目逐渐增加服务领域，发挥了福利事业的骨干作用和辐射作用，各地广泛动员社会力量兴办福利事业，推进福利事业社会化。农村新的社会福利如募捐、残疾人事业和五保中心等都得到较快的发展。总之，我国农村社会福利事业在这一新阶段实现了较快发展。

第二节　建立完善农村社会保障体系的意义

长期以来，在我国的经济和社会实践中，存在着重经济发展、轻社会发展，重城市发展、轻农村发展的倾向，这一倾向已对我国经济社会的持续健康发展造成了十分不利的影响，必须充分认识建立健全农村社会保障制度的必要性和意义，增强促进这一制度建设的主动性。现阶段，建立健全农村社会保障制度有以下重要意义。

一、保障农村居民基本生活

改革开放以来，尽管我国在消除农村贫困方面取得了很大成就，但农村贫困问题依然很严重。2010 年，国家有关部门公布的贫困人口数字是2688万人,但一般认为,实际贫困情况要远比这严重。这主要有以下几个原因。

第一,脱贫的贫困人口数字统计存在一定的问题。一方面,有些地方领导出于自身政绩考虑,在上报贫困人口之时呈现统计加估计的方法,存在少报或者多报贫困人口现象。另一方面,一部分地区贫困标准不一,有一部分地区抬高或者降低地区贫困标准。

第二,有偏远地区的贫困人口未统计进来,有非贫困县因未列入国家或省级扶贫的范围而自身财力有限,无法增加扶贫投入,因此降低贫困人口比率。

第三,有脱贫而又返贫的人口没有统计进来,而且各地区脱贫返贫率居高不下。

第四,我国扶贫标准过低,仅仅相当于国际贫困线的五分之一,相当于国际贫困标准的十分之一,更是发达国家的几十分之一。我国有学者估计事实上需要国家扶贫的农村贫困人口可能要达到1.3亿人,农村人均纯收入2300元以下的农民都应列为贫困人口。

对农村贫困中的这些现象,仅靠传统的反贫困方式,如开发式扶贫、依靠社会力量短期帮扶式扶贫等,是远远不够的。对于有些贫困人群,既要帮助他们增强抵御风险的能力,还要建立起风险的分担机制与救助机制,以便在风险来袭时帮助他们及时化解风险。对于那些已基本丧失自我恢复能力的贫困人群来说,则需要建立起覆盖范围广泛的农村最低生活保障制度、农村医疗救助制度、社区服务制度等来维持他们的基本生存条件。

疾病风险及其化解是目前我国农村地区面临的又一突出问题,造成这一现象主要是因为居住条件、医疗卫生条件差,加上日益恶化的环境,造成我国农村地区疾病的发生率一直处于一个比较高的水平。化解农村居民面临的疾病风险,解决看病难、看病贵问题需要进行医疗卫生体制的全面改革,建立健全农村医疗保障制度是其中的一个重要环节。理论与实践都表明,没有集体的风险分担机制，单靠农民个体是无法抵御不确知的健康风险的。同时，实践也证明没有政府参与的农村医疗保障制度是不可持续的。对建立农村医疗保障制度的意义还应该从更宽的范围、更高的高度来认识，它不仅是一种消费性行为，也是一种生产性行为，不仅具有个体效应，也有广泛的正外部效应，它是经济社会发展的手段，更是经济社会发展的目的所在。

二、促进公平、公正与社会和谐

长期以来，我国在经济社会发展中实行的是城乡有别的发展政策。新中国成立后不久，基于尽快实现工业化的美好愿望，国家实行了重工业优先发展战略。为筹集工业化所需资金，减轻城市就业压力，国家实施了粮食统购与工农业品价格“剪刀差”政策，农村居民迁移及就业限制政策，将农民限制在农村与农业这一狭小领域内。为保证财政资金更多地被用于生产建设，国家压低了社会性服务支出，同时对这些支出进行了偏向于城市的安排，在城市建立起了完全由国家承担出资义务的社会保障系统和福利系统，城镇职工可以免费获得教育、免费获得住房及其他社会服务，在农村，对农民的保障基本交由社区或家庭来承担，国家仅提供有限的福利服务。改革开放前的近 30 年里，农民承受了不公正的对待，为国家的工业化做出了巨大牺牲，仅通过工农业品的不平等交换，就贡献了 6000 亿～8000 亿元的资金。

1978 年改革开放后，农村率先成为改革的试验田，过去对农民、农业的种种限制性与歧视性政策逐步被放宽与校正，农民获得了在一定地域范围内的自由迁移权、择业就业权、平等贸易权等，这奠定了农民增收致富的制度基础。但是，国家对农民的歧视性政策与剥夺并没有彻底消除，在改革后相当长的时间里，农民要承担比市民高得多的税赋，还要承担土地及其他资产不平等交换的苦果，更要承受就业与劳动报酬的歧视性待遇。在土地上创造的大量财富被虹吸到城市后，农民却得不到必要的回馈。以新型农村合作医疗制度建立前的2002年为例，在当年的社会保障支出中，城市人均获得1416元，农村只有15.2元，用于城市的社会保障支出占社会保障总支出的97.68%，农村仅占2.32%。在教育支出上，城乡中小学人均教育经费差距为1.6：1，并连续多年呈扩大趋势。诸多的歧视性政策对农村居民来说是不公正的，客观上对城乡差距的扩大起了推波助澜的作用，同时，也加剧了社会阶层之间的裂痕，使经济社会发展愈来愈偏离公平、公正的方向。建立健全农村社会保障制度是对持续几十年的偏向于城市的社会政策的校正，它建立了一种再分配国民收入的新途径，使广大农村居民可以通过社会救助、老年津贴、医疗保险金的转移支付，获得应得的部分，促进了社会公平；它赋予了农民应平等享有的社会权利，建立健全农村社会保障制度是社会迈向公正与和谐的重要一步。

三、应对农村人口老龄化的冲击

目前，我国人口老龄化的趋势越来越明显，就农村人口而言，截止到2009年年底，60岁以上人口总数已经达到1.05亿，超过整个农村人口比重的18.3%。在老龄人口中，高龄人口也不断上升，2000年，农村80岁以上高龄老年人为900万人，占农村老年人总数的9.8%，到2009年年底，已增加到1100万人，占农村老年人总数的比重上升为11.3%。根据趋势预计，我国农村人口老龄化在2011—2020年这段时间内更是会处于一个快速发展的时期，2021—2033会出现高速攀升的现象，2034—2060年持续在高位运行，农村80岁以上老年人占农村老年人的比重预计到2045年将超过22%。届时农村社会的养老问题将会极为突出，农村地区的社会社会生活结构也会出现一定的变化。

农村人口老龄化给我国经济社会带来了诸多挑战，其中之一是农村老年人口生活质量的保障问题。传统上农村家庭主要靠家庭养老。应对这一挑战的当然选择是建立社会化的养老保障体系及其他保障体系来未雨绸缪。建立与完善这些制度的积极意义主要有以下三个方面。

(1)它有利于引导农村人口合理分配生命周期中的收入,减少老年时期对家庭的依赖。经济学中在讲到社会保障制度建立的依据时,常提到"短视"问题,这一现象在我国不少农村地区还是不同程度地存在的。许多农村人群在生命的青年时期,崇尚现期消费、炫耀性消费,抱着"今朝有酒今朝醉,哪管明天是何日"的态度,将收入花费在婚丧嫁娶、大操大办、建屋置地等生活性消费上,缺乏理财与投资性活动,致使老年阶段缺乏足够的积累。建立养老保障制度可在一定程度上化解这种现象。

(2)可以通过社会收入再分配机制减轻部分困难家庭的负担。对于收入水平不高,家庭养老困难的农村人口而言,来自国家的辅助可以为这些老年人的晚年生活提供一个比较稳定的保障。有种观点认为,家庭养老还可以作为农村养老体系的主要部分,不必急于建立社会化养老制度,其实,这种看法是很片面的,没有意识到过于依赖家庭养老对于经济社会发展的不利方面。对于有些家庭,特别是对于那些有一定困难的家庭来说,尽管可以维持老年人的生活,但他们往往不得不靠减少生产性投资,如改良土地肥力、选用新的作物品种、扩大种植面积等,不得不靠减少对家庭其他成员的教育、医疗、健康方面的投资来实现。这种行为的不利后果,从小的方面说,是阻碍贫困家庭脱贫致富,甚至造成"贫困陷阱""贫困恶性循环"。从大的方面说,会影响社会的生产和财富创造。这些在风险经济学中都有佐证。

(3)农村社会保障制度的建立可以以社会化的服务来弥补家庭服务的缺失,减少老年人的孤独感、无助感,为老年人保持与改善生活质量提供方便。此外,社会化保障体系,还可以避免部分农村家庭不尽赡养义务,不善待老人的问题。对于原本贫困的人口,社会保障还可以部分地改善他们的生活水平。

对于建立农村社会化养老保障体系的现实必要性,有些学者并不完全认同,他们认为,农民承包的土地也有保障功能,它是现在大多数中国农民最可靠的生活保障。对于这一点，我们不否认，只要有当地户口，多多少少会有一些土地，会产生收益供老年人养老。但是我们更要看到，这些小块土地的收益是极不稳定的，并不能为养老提供可靠的保障，而且老人在七八十岁的高龄时还要从事繁重的体力劳动才能获取生活保障，这并不是一种人道的做法。另外，我们还可从社会效益来看待这个问题，若让土地发挥保障功能，那可能就要多多少少地舍弃其生产功能，以农业生产的低效率为代价。这对地少人多、粮食生产存在安全问题的中国来说，也是一个不小的代价。因此，选择以土地保障来应对农村的老龄化问题基本是不能成立的。

四、促进经济增长方式转变

建立农村社会保障制度不仅有社会功用、政治功用，对经济的发展也有正面的影响，其中之一是促进我国增长方式的转变。目前，我国经济增长方式有以下特点：从增长要素分析，主要是靠投资驱动、靠大量增加各类资源的使用量来驱动，科技进步的作用比较小；从增长的动力看，主要靠投资与外需"两驾马车"，消费的驱动力不强。这种增长方式现在已到了非改不可的境地，主要在于高投资难以持续；出口过快增长面临的风险越来越大，出口的拉动力在不断削弱；资源环境承载能力已接近极限；此外，现有的增长模式会加剧就业与收入分化趋势。转变经济增长方式是一项长期的、艰巨的任务，需要从多方面着手，建立健全农村社会保障制度对其也可以发挥一臂之力。这主要是从提高农村居民的消费能力来说的，目前，我国的农村常住人口还占全国总人口的50%，未来相当长的一个时期，这一占比还会很大，农村的购买力及潜在购买力还比较大。但要增加农村消费，必须解决两个问题：一是有能力消费，二是愿意消费；前者取决于收入状况，后者由人们对未来的预期及信心所决定。社会保障制度对启动有效需求的影响有两点：一是通过向贫困人口的转移支付可提高他们的消费能力；二是通过分散风险，平滑和稳定居民的支出预期，降低其储蓄倾向。从现实情况看，大部分农村消费需要的满足程度还很低，农民有较强的消费欲望，建立一个适度水平的农村社会保障制度可以直接增强他们的消费能力，同时也可以“启动预期”，调动一部分潜在消费力。

五、为经济的可持续增长提供支撑

中国经济在改革开放以后取得了伟大的成就，在过去的30多年里创造了世界经济发展史上的一个奇迹，那么未来的30年，乃至更长时期内，中国如何保持稳定、持续的经济增长速度，如何保证我国公民的生活水平的不断提高？关于这两个问题很多经济学家倾向于认为，人力资本是其中的关键，“劳动力的增长已经不太可能，尽管未来劳动力供给的绝对量还会比较高”，“从资本增长来看，中国国内的储蓄率大概是40%，这个比例增高的可能不太大，反而可能会因为投资理财的行为的逐渐增多出现小程度的下降”。

人力资本包含的最基本要素主要有两个，一是强健的体魄，二是良好的教育以及技能培训。在人力资源研究领域有学者指出，提高低收入者对身体健康消费的支付能力是提高我国国民身体素质的最有效手段。我们这里所说的教育并不是狭义上的在学校期间接受的教育，而是广义上的教育，它还包括参加学习班、参加职业技能培训学习课程等一些与提高自身工作能力有关的行为。当然，要保障我国国民能够获得足够的教育经历最根本的是提高居民的教育消费支出。健全的社会保障制度通过对家庭的教育支付或者免费教育，将直接提升居民享受教育服务的能力。

在农村，就人力资本而言其提升的空间还十分巨大。在教育方面，2005年全国人口平均受教育程度达到了8.5年，但与发达国家相比，差距仍然很大，如美、英、德、法等国家平均受教育年限都超过15年，一些发展中国家，如巴西达到了13.4年、马来西亚达到了12.1年，而同期我国农村人均受教育年限仅为6.9年。在农村劳动力中，具有高中以上文化程度的仅占13%，小学以下文化程度的占36.7%，接受过系统农业职业技术教育的不足5%。2004年，中国农村文盲率高达10.7%。在贫困地区仍有近200万名失学儿童，多为家庭贫困所致；流动儿童失学率高达9.3%；近半数适龄儿童不能及时入学。“超龄”上学现象比较严重，不在学儿童“童工”问题突出。在健康方面，孕妇及婴幼儿死亡率还比较高，2009年农村居民孕产妇死亡率为34.0/10万，城镇为26.6/10万；农村新生儿死亡率为10.8‰，城市仅为4.5‰；农村婴儿死亡率为17‰，是城市的近3倍；农村5岁以下儿童死亡率为21‰，比城镇高出13.5个千分点。在患病与就医方面，第四次国家卫生服务调查显示，农村居民两周患病率、慢性病患病率都比第三次调查有所上升，经医生诊断需住院而未住院的农村病人仍占20%，其中多为因家庭经济困难引起。在获取公共卫生服务方面，农村自来水的普及率只有41.9%，冲水厕所普及率为20.6%，健康检查还不普及，如在高血压疾病防治上，在调查的15岁及以上人口中，农村居民在调查之前进行过血压检测的只有36.0%。

第三节　我国农村社会保障制度的内容与主要问题

我国是一个传统的农业大国，有8亿农村人口，虽然目前城镇社会保障体系建设取得了一定的效果，但是作为社会保障主体的农村地区，社会保障水平仍然很落后，造成我国城乡社会保障制度发展不平衡的原因是传统的城乡二元结构模式。针对我国目前社会保障发展的状况，适时建立健全农村社会保障体系对维护社会稳定、保证农村人口合法权益具有重要的意义。我国农村现行社会保障的基本内容主要包括以下几个。

一、我国农村医疗保障制度的构建内容

（一）五保供养制度

国家《农村五保供养工作条例》规定对于贫困农民要实行吃、穿、住、医、葬方面的全面生活照顾和物质帮助。所谓贫困农民是指那些老年、残疾或者未满16周岁，因无劳动能力、无生活来源而且无人赡养、抚养或者其法定义务人不具备能力的农民。未满16周岁或者已满16周岁仍在接受义务教育的农民仍要保障他们的供养，保证他们依法接受义务教育的费用。[①]

国务院于2006年1月公布的《农村五保供养工作条例》规定农民五保供养的服务机构可以实现集中供养和分散供养两种形式。供养对象可以根据自身的情况自由选择。五保供养的资金由地方人民政府在财政预算中安排。对于有困难的地区，中央财政予以适当补助。

（二）家庭赡养

封建社会的文化决定了中国几千年的家庭保障思想，这在每一个中国人心中都已经扎下根。在经济欠发达缺乏养老保障的农村的地区，这一观念更是难以改变。从道德上来说，家庭养老和赡养父母是一种社会美德，而且我国也在制度和法律上对这种思想和行为进行鼓励。在1996年开始实施的《中华人民共和国老年人权益保障法》以法律的形式确定了老年人的赡养权利，规定了成年子女的家庭赡养义务。《中华人民共和国国民经济和社会发展"九五"计划和2010年远景目标纲要》也明确指出："农村

① 农村五保供养工作条例[EB\OL]. 中国政府网站：http://www.gov.cn/zwgk/2006-01/26/content_172438.htm

养老要尊重我国的文化和历史传统，在国家帮扶的基础上以家庭保障为主。”实际上，家庭赡养一直是我国农村养老保障的主要形式。家庭赡养形式中最主要的又是子女供养。

（三）土地保障

土地自古以来就是我国农民最为重视的财产和生活保障，土地对我国农民来说具有十分特殊的意义。一方面它是农民生活资料的重要来源，给农民提供了基本的生活保障。另一方面，它还是国家发展战略的基本保障。随着我国农业税的取消，农民收入逐渐提高，农民从土地上获得的保障逐步得到了加强。另外，随着我国建筑用地需求的不断增加，国家颁布了一系列的土地保护政策，保护失地农民的合法权益。

（四）优待抚恤保障

优抚政策无论在城市还是在农村都属于一种比较特殊的社会保障政策，因为其保障对象是一些特殊的人群，比如老红军、复员军人、军烈属、伤残军人等。根据我国针对军人的相关制度，我国政府将会给予这些军人以不同程度和形式的优待，具体执行由民政部负责。严格来说，优待抚恤制度不同于普通的社会保障，体现了国家对军人战士群体的尊重与保护，是我国国防建设的重要一环，对我国国家安全来说具有重要的意义。

（五）农村社会养老保险

1992年，民政部门颁布了《县级农村社会养老保险基本方案（试行）》，确定了农村社会养老保险的基本原则。1995—1998年，农村养老保险开始火热开展，农民参保积极性非常高，但是在2000年参保人数急剧下降。其中的主要原因可以划分为两个方面：一是农村社会养老保险资金管理不善，造成了一部分资金流失，二是各级政府对农村养老保险工作不够重视。国务院也下发了相关的文件对其中的情况进行了说明。这些方面的原因直接导致了农村养老保险参保人数大幅下滑的现象。

在2002年,随着十六大提出全面建设小康社会的目标,一些有条件的地方开始探索农村养老保险制度。农村社会养老保险又开始发展起来,在2006年年底全国共有1905个县市开展了农村社会养老保险工作,有5374万农民参保,资金累积到354亿元。2009年年底,国务院决定开展新型农村社会养老保险工作,进一步加快了农村社会养老保险的建设。

(六)计划生育奖励扶助保障

我国为推行计划生育这项国策鼓励家庭只生一个。对于只有一个子女和两个女孩儿的家庭国家给予一定的奖励。为了将这一措施推行下去,2004年国家开始在全国一部分地区开始试点辅助制度。在2005年,试点范围开始扩大,并在2006年推广到全国。计划生育奖励制度的主要内容是对于积极响应国家号召执行计划生育政策的农村家庭每人每年满60周岁可以领取不低于600元的扶助金。这笔资金完全由国家承担,符合保障条件的老年人,不需要支付任何费用。这一政策的实施一方面是为了保障这部分老人的养老困难问题,另一方面则是形成一个利益导向机制,推进农村计划生育工作。

(七)农村新型合作医疗制度

合作医疗曾是我国农村的基本医疗制度,尤其是在20世纪的集体经济时期,该制度曾经覆盖了我国90%以上的农村地区,95%的农村人口,这也是我国农村医疗保障发展最为巅峰的时期。20世纪80年代初,随着我国经济体制的改革,市场经济的使得这一依托于农村传统集体经济的农村社会保障体系瓦解。

农村新型合作医疗制度始于2002年,目的是解决农村地区的“因病致贫,因病返贫”问题。这一制度采取政府与农民相结合的形式,鼓励农民自愿参加,采取大病统筹形式实施农民医疗互助制度。中央财政从2003年起,给予参加新型合作医疗的农民每人每年10元的补助资金。农民缴纳一定的费用以应对医疗方面的需求。截至2008年9月,新型农村合作医疗制度覆盖了2729个县(市、区),全国参加新型农村合作医疗人口达8.14亿人,参保率达91.5%,在一定程度上缓解了农民治病难的问题。

(八)最低生活保障制度

农村最低生活保障制度是针对家庭年收入低于农村最低生活保障标准的贫困人口,对其进行差额补助的制度。近年来,一些有条件的农村地区已经开始探索建立这一制度,据统计,截至2007年,已经有2311.5万人享受农村最低生活保障。

除上述保障制度之外,国家还采取了其他方式的农村救助。针对农村重点贫困地区进行了适当的生活救济与补助。

二、我国农村社会保障制度的问题

从总体上来看,目前我国农村社会保障制度还处于非规范化、非系统化阶段,农村社会保障的缺陷和问题还有很多,只有将这些问题逐一解决,我国的农村社会保障体系建设才能够取得实质性的进展,否则只能是对当前制度的修补而已。

我国当前农村社会保障体系存在的问题主要有以下几个。

(一)体制机制不完善

农村社会保障体系是一个包含多种保障项目的综合社会保障制度,主要有农业生产保险、农村社会保险(含养老、医疗、失业、工伤、生育保险)、农村社会福利、农村社会救助(含农村社会最低生活保障、农村救济、救灾和扶贫)、优抚安置和自愿补充保障等。但从目前我国农村社会保障的状况来看,很多保障项目在农村保障中仍然没有得到施行,农村人口的社会保障主要由农村家庭来承担。我国目前农村经济的发展水平并不高，农村人口人均收入水平也比较低，农村家庭的生活保障能力不足以应对我国目前的农村社会保障需求。

从制度建设上来看，我国的农村社会保障只是初步建立起了农村低保、农村养老、农村社会优抚以及合作医疗制度，并且其中的一些保障体系还处于在发达农村地区的试点之中，没有彻底成型，距离成熟的保障体系还有很大的差距。换句话说，就是我国并未建立起全国统一的农村社会保障体系，大部分农村人口并没有享受到社会保障给他们的生活带来的福利和帮助。另外，近些年来失地农民和农民工群体大量增加，而一些不合理的制度使这些特殊的农民群体被排斥在社会保障体系之外，形成了新的弱势群体。

（二）政策执行力不足

1. 农村社会保障政策执行力不够

当前我国农村的社会保障制度主要是以养老、医疗为重点的社会保障工作在部分区域试行，并没有按照法律、法规的具体内容执行，有一部分地区选择的范围过大，有一部分地区选择的范围过小。这样做的结果是一部分地区的资金运用不足，另一部分地区则是资金缺乏，最终造成了资金闲置与农民负担过重的现象同时存在。

2. 农村社会保障水平低

我国相关部门的统计信息显示，全国有 301.5 万农村需要保障的人员，集中供养的有 76%，定期救济的有 8%，代保代养的约有 5%，仍有 5%的农民未得到有效供养。另外，随着我国城市化战略的推进，农村有一部分地区农民在城镇化的进程中失去了保障，处于真空地带。这些就说明我国农村社会保障水平与预期的政策水平有一定差距。

（三）资金投入不足

改革开放以来，我国社会实现了长期快速的发展，国家经济实力明显增强，GDP总量持续保持增长。我国已经逐渐由贫困国家发展成为经济总量居世界第二的最大发展中国家。在这一背景下，国家用于社会保障的财政支出比例也明显提高，国家需要保障的人数也有一定程度的增加。

目前，我国用于社会保障的资金占到总财政支出的11.05%，与一些发达国家相比还有明显的差距。从农村社会社会保障的资金需求情况来看，城镇居民占据了社会保障的大多数，农民享受的社会保障支出则相对较少。这就造成了我国社会保障支出总量不足，分配不公的现象。对于农民来说，这个结果则是社会保障资金的明显不足。

近些年来，国家逐渐加强了对三农问题的关注，增加了农村社会的保障投入，逐渐提高了各项保障标准，增加相关方面的储备经费。但是相对于近些年的社会经济增长速度来说，这些增加相对来说少得可怜。社会保障经费的投入相对来看不增反减。

另外，对于我国重点人员的抚恤来看，社会保障经费不足已经成为常态。再加上，农村集体经济在城镇化的推动下逐渐解体，集体的负担能力也开始降低。

（四）缺乏统一有效的管理机制

1. 农村社会保障管理散乱

我国农村社会保障目前的基本状态是城乡分割、条块分割、多头管理、各自为政。各个保障项目条块之间既无统一的管理和协调机构，也没有统一的管理立法，社会保障责任不明确，导致多项政策的执行大打折扣。从管理机构上看，部分地区在国有企业工作的农村职工的社会保障统筹归劳动部门管理，医疗保障归卫生部门和劳动者所在单位或乡村集体共同管理，农村养老和优抚救济归民政部门管理，一些地方的乡村或乡镇企业也推出了社会保障办法和规定，有的地方的人民保险公司也搞了农村保险。如此多的管理机构在农村保障措施实行的过程中很难相互协调、彼此沟通。

2.农村社会保障资金管理不规范

就目前状况而言，我国的农村社会保障体系的资金管理机构和管理方式并没有明确的法律规定也没有有效的制度来约束，因此农村社会保障资金管理混乱，很难实现增值。一般来说，社会保障制度需要强有力的法律法规来支撑，而我国农村社会保障方面的法制尚不完善，甚至到目前为止，还没有一部专门调整社会保障关系的基本法律，这使得我国农村社会保障制度的法律基础十分薄弱，难以经受住我国复杂的社会保障形式的考验。

3.管理制度不健全，缺乏专业人才

我国农村的生活习惯和社会环境比较复杂，农村社会保障制度实施起来要特别注意执行方式的灵活性。可是就目前来看，有着丰富农村工作经验的专业社会保障制度和实施人才十分缺乏，加上机构设置不健全，使得我国当前农村社会保障制度在实施的过程中出现了各种各样的问题。我们从政策可持续性上来看农村社会保障的改革和创新，这种改革和创新看起来似乎成了一些基层农村干部政绩考核的主要指标，偏离了制度改革的目标，有些地区甚至出现了对基层工作实行“养老保险一票否决制”，其结果往往是与目标背道而驰。

第二章　农村养老保障体系的构建与完善

我国的农村养老社会保障体系将会在未来的发展过程中成为我国农村普及范围最广、涉及对象数量最大的社会保障项目，同时也将成为最难应对的社会保障项目。这是由于有太多难以改变的因素制约了我国农村养老保障制度的发展。因此，我们不能按照传统的思路继续发展农村养老保障制度，而是应该在传统中改革，在改革中创新，开辟一条全新的发展农村养老保障制度的路线。

第一节　我国农村养老保障的变革和现状

我国的农村养老社会保障制度在历史发展中从大体上来说一共经历了三大阶段，在经过三个阶段的改革和创新之后，我国的农村养老保障制度迎来了新的发展和进步。但同时，我们也应当看到，几十年的改革并没有完全改善我国传统的农村养老社会保障制度存在的问题，我国的农村养老社会保障体系还是存在一系列的问题需要克服和解决。

一、我国农村养老社会保障制度的发展历程

从中华人民共和国建立到现在，我国的农村养老社会保障制度的发展共经历了三个比较大的阶段。

（一）1949—1982 年

从 1949 年到 1982 年这段时间属于我国农村养老社会保障

制度发展的第一个阶段，在这个阶段中，我国的农村养老社会保障制度具有明显的互助倾向，就是利用集体经济，实现互助养老保障。在这一阶段，我国农村养老社会保障制度的取向是“低效率的公平”。

在我国农村养老社会保障制度的第一个发展阶段的重要事件就是《劳动保险条例》的颁布，1951 年，《劳动保险条例》的颁布，正式标志着我国建立起了社会保障制度。但是《劳动保险条例》并没有将在当时占有总人口 90％以上的农民纳入保障对象当中。在当时的环境下，农村人口并没有一项完善的法律条款或规定来保障其社会保险，因此，当时的农村养老社会保障还停留在非常基础的状况，只有少数没有劳动能力且无依无靠的老人、残疾人以及孤儿才能享受社会保障，更不要提社会保障中专门的养老保障了。①

（二）1982—2002 年

改革开放以来，我国的农村经营制度从原来的集体保障模式转变为家庭联产承包责任制模式，这使得相应的农村的养老保障制度也经历了又一次改革。在这个阶段，我国的农村养老社会保障制度的政策具有明显的土地养老倾向，也就是依靠土地和家庭，鼓励农村人民自愿储蓄建立养老保障。在这个阶段，我国的农村养老社会保障制度改革得到了更进一步的推广，主要可以分为以下几个阶段的工作。

1. 1986—1992 年

“社会保障”这一概念在我国最早被提出是在 1986 年，当时中国共产党首先在党的文件中提到这个词，并将社会救助、社会保险、社会福利以及优抚安置都纳入社会保障的体系当中。从

① 贺光明. 建国初期企业职工劳动保险研究(1949—1953)——以《劳动保险条例》为中心[D]. 华中师范大学，2007.

1986年起，我国民政部首先对农村养老社会保障制度进行了改革，改革的重点是建立具有现代意义的中国农村养老社会保险制度，并在全国一些城市展开了试点工作。但是由于种种原因的限制和制约，试点工作并没有获得成功。1991年，国务院决定由民政部负责开展农村养老保险工作，民政部在深入调查、取证的基础上，制定了《县级农村社会养老保险基本方案（试行）》，并在山东省一些地区进行了大规模的试点，取得了较大的成果。

2.1992—1998年

1992年至1998年为社会保障改革的推广阶段，1992年1月，民政部颁布《县级农村社会养老保险基本方案》，引导农村养老保险能在全国农村地区大规模地展开，在这一阶段，农村养老保险的参保人数不断上升。

3.1998—2002年

从1998年到2002年是我国农村养老保险制度改革的整顿阶段。1998年之后，经历了一段期间的快速发展，我国的农村养老保障制度的发展陷入了停滞状态。劳动与社会保障部开始接手农村社会保障制度的相关工作。1998年，我国国务院提出，我国当前还不适合在全国范围内普遍实行农村养老社会保障制度，因此不再接受新业务，而是对已经存在的业务进行整顿。

（三）2003年至今

经过了短暂的改革失败，我国的农村养老社会保障制度的发展迎来了恢复阶段。党的十六大之后，中央加强了对“三农”问题的重视和解决力度，“科学发展观”的提出更是为农村养老社会保障制度的发展奠定了理论基础。

2004年至2005年，关于农村问题的两个一号文件相继发布，这体现了我国政府在解决农村养老保障问题上的决心。在这种大环境下,东部一些地区逐渐开始恢复探索建立农村社会养老保险的政策。

二、我国农村养老社会保障制度的现状思考

(一)我国目前农村存在的养老方式

中华民族素以尊老、敬老、养老为重要的传统美德。新中国成立以来,随着社会制度的变革和农村养老社会保障制度的改革,我国农村的养老方式也发生了一些变化。目前,我国存在的农村养老方式主要包括家庭养老、自主养老、社区养老及社会养老四种方式。

1. 家庭养老

家庭养老是最为传统的一种养老方式,是指以血缘关系为纽带、由家庭成员对上一辈老人提供衣食住行等一系列保障的养老方式。家庭养老实际上就是在家庭内部进行的一种"反哺式"的养老方式。1996 年,我国颁布的《中华人民共和国老年人权益保障法》对老年人应当得到赡养做出了明确的规定,使得家庭养老这种方式得到了法律上的确认。[①] 家庭养老是我国实行最普遍的养老方式,统计数据显示,我国农村养老保障中有 92%都选择了家庭养老这种方式。

2. 自主养老

自主养老是指农村当中部门老人在年轻时通过种植、手工业或其他工作积攒了一定的储蓄,在年老时不需要下一代的赡养就可以自己养活自己的一种养老方式。自主养老会随着农村经济

① 中华人民共和国老年人权益保障法[EB\OL]. 中国政府网站:http://www.gov.cn/flfg/2012－12/28/content_2305570.htm

的发展而逐渐扩大规模，也将成为我国农村养老保障发展的趋势之一。

3. 社区养老

社区养老就是指农村的基层组织给“三无”（无依无靠、无劳动能力、无生活来源）老人提供的一种养老保障。社区养老主要给老人提供吃、穿、住、医、葬等方面的保障。

社区养老一般情况下包括两种形式，一种是分散养老，是指农村基层组织将老人托付给老人的邻居供养，供养老人所需的生活资料由集体提供；另一种是集中养老，就是将老人集中到养老院或其他养老机构供养，养老费用通过政府财政拨款、农村其他乡民筹集等方法获得。

4. 社会养老

社会养老是国家或各级政府组织的一种社会保障制度。社会养老的资金由政府、集体与个人共同承担，主要是为老年人提供基本的生活保障。社会养老方式在世界很多发达国家已经成为被普遍采用的一种养老方式。社会养老的优势在于能够减轻个人及家庭的负担，并且能给老人提供较为稳定的基本保障，因此被认为是我国未来农村养老社会保障制度发展的重要方向。

（二）我国目前农村养老社会保障制度的内容

1. 我国农村社会养老保障制度的基本原则

目前我国农村养老社会保障制度发展的基本原则主要包括四方面内容。

（1）坚持低保障标准，农村养老社会保障应当以保障农村老人的基本生活为目的。

（2）坚持养老保障资金的筹集以个人为主、集体为辅的原则。

(3)坚持自主为主、互济为辅、储备积累的原则。

(4)坚持农村各类工种人员的养老保障制度一体化原则。

2.我国农村社会养老保障制度的基本内容

基于以上基本原则,我国农村社会养老保障制度的基本内容主要包括:

(1)参保范围

我国农村社会养老保障制度的参保范围包括非城镇户口、不由国家供应商品粮的农村人口,参保人可在20周岁到60周岁进行投保,在60周岁以后开始领取养老保险金。

(2)制度模式

我国的农村社会养老保障制度实行基金积累式的个人账户制度。基金积累式的个人账户制度是指为每一个参加养老保险的农民建立其个人账户,个人账户属农民个人所有,养老保险需要的资金在这个个人账户里进行积累和计账。

(3)基金筹集

在农村社会养老保障制度的基金筹集上,我国主要遵循"个人为主、集体为辅、国家予以政策扶持"的原则进行。个人缴费要达到所需费用的一半以上。

(4)缴费方式

在缴费方式上,设立从每月2元、4元、6元、8元到10元、12元、14元、16元、18元以及20元十个档次,参保人员可以根据自己的实际情况选择具体缴费的档次。

(5)养老金计发方法

在我国,达到60周岁的农村老人可以领取养老金,领取金额根据个人账户的积累数额和平均预期寿命进行计算确定。

(三)我国目前农村养老社会保障制度存在的问题

在我国长久的农村养老社会保障制度的发展历程中,我们发现,经过多次的改革和创新,仍然存在很多需要解决的问题。

1. 参保率低、覆盖面窄

参保率低和覆盖面窄一直是我国农村养老社会保障体系在发展过程中面对的问题，在改革取得重大突破的1997年，我国共有31个省的2000多个县先后开展了农村养老社会保障工作，但是参加社会养老保险的农村人口只有8000多万人，还不到全国农村人口的10%。除了参保率低之外，根据数据分析，参加养老保险的人口主要集中在中青年这个群体，而真正应该享受养老保险福利的老年人却并没有获得应有的权利。

同时，由于我国的农村养老保险遵循自愿原则，因此，目前农村养老社会保险工作开展较好的大多是经济发展较为发达的地区，而经济发展相对落后的地区的参保人数就更少，这造成我国农村养老社会保险地区分布不平衡的状况。

2. 缺乏社会保险应当具备的社会性和福利性

"风险共担、互助互济"是所有社会保险都应当遵循的原则之一。但是这一项原则在我国的农村养老社会保险制度中却很难体现。首先，由于我国的农村养老社会保险制度遵循"个人为主、集体为辅、国家予以政策扶持"的缴费原则，个人承担了大部分的养老金费用，因此要承担更多的保险风险；其次，我国的农村养老保险中并没有体现出政府的政策扶持；再次，由于我国一部分农村地区经济发展相对落后，集体更是很难筹集资金补贴给农村养老保险的参保人员。这些因素都导致了我国的农村养老保障体系缺乏社会保险应当具备的社会性和福利性两大重要特征。

3. 制度上存在不稳定性

我国各地的农村养老保险制度基本上都是在民政部颁布的《县级农村社会养老保险基本方案》的基础上形成的，因此这些政策和措施大多缺少法律上的保障，直接导致各地在建立、撤销养老保险以及筹集、运用养老保险金的问题上总是按照行政部门的意见来执行，而无法可依，最终导致养老保险的福利并不能直接造福农村居民，而是成为行政官员创造行政成绩、获得私利的途径。

4.养老金保值增值难度大、基金流失严重

按照我国民政部颁布的《县级农村社会养老保险基本方案》的规定，养老金不能用于直接投资，而只能通过购买国家财政债券或存入银行来保值和增值，这样就大大增加了养老金保值、增值的难度。同时，为了平衡运行资金，国家下调了养老保险的账户利率，这使得农村居民获得的养老保险金直线下降，农村居民对养老保险的稳定和保障也提出了质疑。

5.保险水平过低

我国的农村养老社会保险制度还存在一个非常致命的问题，就是保险水平过低，农村居民的生活水平和生活质量很难得到真正的保障。由于我国农村居民并没有对养老保险制度存在很大的信任，因此，往往会选择缴费档次最低的缴费金额，这就造成农村居民每个月获得的养老保险金数额很小，仅仅高于各地区的最低生活保障标准。也就是说，我国的农村养老保险只能保障农村居民的最低生活水平，而没有起到真正的养老保障作用。

第二节　制约我国农村养老保障的主要因素

一、制度性因素

制度性因素是制约我国农村养老保障发展不足最主要的原因。概括地说，这个过程可以归为两个方面：一是公共投入失衡；

二是制度原因压抑我国农村社会保障的发展。

(一)公共投入的严重失衡

造成公共投入严重失衡的原因是多方面的。袁钢明认为,自我国改革开放以来,财政制度偏离公共财政方向,突出强调投资职能,忽略保障与消费职能。陈锡文与马晓河认为,公共财政供给长期偏向城镇,城镇公共基础设施由国家来提供,而农村公共基础设施则靠农民自身解决。同时又有其他方面制度的作用,实际上造成了我国城乡居民收入与消费差距逐渐扩大。

政府对城乡公共投入的失衡主要表现在三个方面:教育、医疗卫生和社会保障。而这三个方面正是我国农村居民制度性消费不足的根本原因。

1.教育投入

政府应公平地向所有公民提供教育服务,不应因受教育者政治、经济、文化背景的不同而不同。教育要实现公平则至少应做到三个方面。

第一,教育的横向公平,所有的受教育者和纳税人在教育财政体制中应得到同等的对待。

第二,教育的纵向公平,教育财政体制要满足社会所有人群的不同教育需求,考虑到特殊人群的需求。例如残障儿童、智障儿童的教育都应纳入教育体制中去。

第三,受教育机会平等,教育财政体制应保证不同学生得到相当的教育资源,不应因其政治、经济、文化背景的不同而受到影响。

从我国现在的教育体制安排上看,政府的义务教育责任担当明显不足,尤其是农村教育实际上是农民自己在办教育。民办教师长期以来都是中小学教师主体,承担了我国农村80%以上的教育任务。而民办教师的工资确实是农民承担。2006年9月1日开始实施的新《义务教育法》规定以县为主投入教育经费体制,仍不能从根本上改变我国教育资源不合理的城乡配置格局。在世界发达国家中，中央和省级政府责任明确，切实保证一国范围内义务教育的实际需要和均衡发展，创造平等的教育机会。

在我国，一方面财政性教育经费投入严重向高等教育和非义务教育倾斜，另一方面义务教育公共投入严重倾向城镇。虽然城镇学生数量少，但城镇学生占有大量优质的教育资源。

自1995年以来，城乡生均义务教育经费差距不断继续扩大。小学义务教育阶段，生均教育经费的城乡差距从1995年的1.62倍上升到2003年的1.66倍；初中义务教育阶段，生均教育经费的城乡差距从1995年的1.48倍经过2000年的波动上升到2003年的1.72倍，而生均基建支出上升到2003年4.46倍。

城乡义务教育的公共投入差距还表现在教师这一人力资源的配置上，城乡教师的学历结构、职称结构、获得培训机会都存在明显的差距。城镇教师由于基础设施比较健全，在职教育体系比农村教师更为健全。不仅如此，教师在城镇完全是一种职业，从事这一职业的人员不得不把主要时间花费在上面，而在农村，教师只是从业人员一天忙碌的一部分，除了教学之外还要从事农业经营活动。由此可以看出城镇教师的职业素养要比农村老师的高并不是没有原因的。

数据显示，小学阶段城镇教师以专科以上学历为主，而农村则以民办教师为主，基本上没有学历，有一部分教师只是上了初中而已。职称结构上，城镇小学一级以上职称教师比例为85.99%，而农村则为81.27%。初中阶段城镇教师本科以上学历比例为38.1%，而农村为19%；城镇高中及以下学历教师比例为4.02%，而农村为8.69%。职称结构上，城镇中教一级教师职称比为46.24%，而农村为32.83%。简单数据对比的结果也显示了城乡教师存在着重大的素质差距。

城乡教育公共投入差距是城乡教育质量差别的重要原因，而在我国入学体制下，这种差别将直接决定城乡学生的教育机会，最终导致城乡居民在教育消费上的巨大差距。20世纪90年代以来，清华大学、北京大学、北京师范大学等国家重点大学招收的新学生中，农村学生在逐渐减少，来自农村的大学生主要分布在教育资源、教育质量相对较弱的地方性非重点高等院校。

城乡公共教育投入的差距间接造成了我国农村社会养老保障制度的发展抑制。政府投入不足，农村居民必须给予公共教育大量的投入，以满足公共教育的基本需求。这就在一定程度上挤出了养老保障的资金投入，抑制了农村社会养老保障制度。

2. 医疗卫生投入

政府均衡地向不同群体提供医疗卫生服务是政府公共财政职能的重要部分。但随着我国经济改革的深入，农村医疗卫生供给同与教育供给一样与城市的差距越来越大。2005 年，陈锡文撰文指出，我国财政用于医疗卫生的开支有 85％是用在城市，只有 15％是用于乡镇卫生院。我国 70％的农村居民仅享用了 30％的医疗资源，而 30％的城市居民却享用了医疗资源的 70％①。国家财政对城乡公共医疗卫生投入的差距是城乡居民制度性消费品消费差距的另一重要表现。

首先，在医疗保障制度方面，1980 年以前我国有 90％的行政村有合作医疗制度。农民合作医疗、合作社保健站和农村数量庞大的赤脚医生是农民健康保障的三种基本形式。但改革开放以后，农村集体经济瓦解，这一医疗体系也开始瓦解。1985 年，全国合作医疗行政村下降到 5％，1989 年，又进一步下降到 4.8％。之后，医疗卫生体系市场化改革又将这 4.8％也完全摧毁。2002 年，我国着手建设新型农村合作医疗制度，但到目前我国城乡的医疗保障差距依然很大。

表 2-1 对城乡医疗保障体系做了比较。

---

① 中国社会科学院农村发展研究所. 农村地区公共产品筹资方式研究[R]. 2004,6

表 2-1 城乡医疗保障方式比较

单位：%

指标	城市	农村
合作医疗	6.6	9.5
基本医保	30.4	1.5
大病医保	1.8	0.1
公费医疗	4.0	0.2
劳保医疗	4.6	0.1
其他社保	2.2	1.2
纯商保	5.6	8.3
自费	44.8	79.0

注：本表数据为 2003 年数据。

2002 年 10 月，《中共中央、国务院关于进一步加强农村卫生工作的决定》指出："从 2003 年起，中央财政对中西部地区除市区以外的参加新型合作医疗的农民每年按人均 10 元安排合作医疗补助资金，地方财政对参加新型合作医疗的农民补助每年不低于人均 10 元，农民个人每年的缴费标准不应低于 10 元。"①在新型合作医疗制度下，我国农村居民大病医疗能够得到一定程度的保障，但是由于合作医疗制度的起付标准较高，报销额度较小，农民前往医疗卫生机构交通不便等原因，新型农村合作医疗制度实际上对我国农民的医疗保障作用并没有制度设计得那么巨大。因此与城市医疗保障制度相比，农村医疗保障体系实际上存在着巨大的不平等。

2003 年世界其他国家医疗卫生支出占 GDP 平均水平的比例为 10.2%，其中政府支出为 6.0%，个人支出为 4.2%；而高收入

① 谢艳玲.新型农村合作医疗基金财务管理存在的问题及对策[J].民营科技，2013(02).

国家这一比例为11.2%，其中政府支出为6.7%，个人支出为4.5%。而在我国，这一比例为5.6%，其中政府支出为2.0%，个人支出为3.6%。① 原中国卫生部长高强表示，目前我国公共医疗投入严重不足，自改革开放以来，政府承担医疗卫生的成本从54%下降到14%。2006年，公共医疗的投资仅为1200亿元人民币(换言之，每人平均才刚刚超过9欧元)。

不仅如此，我国相对稀少的医疗卫生资源的城乡分布极不合理。近年来，我国城乡居民所享受的医疗服务差距越来越大。根据世界卫生组织公布的《2000年世界卫生报告》，在191个国家和地区中，中国的医疗资源分配公正指数位居尼泊尔、越南之后，排第188位，倒数第四，与巴西、缅甸和塞拉利昂一起排在最后，被列为医疗卫生资源分配最不公平的国家。

2006年，韩俊撰文指出，自合作医疗体系崩溃以后，政府基本上放弃了对农民医疗保健的责任，财政农村卫生事业投入甚微。1998年财政体系对农村医疗卫生事业投入仅占总投入比例的16%。表2-2显示了2000年至2004年全国卫生总费用情况。

表2-2　全国卫生总费用情况(当年价格)

年份	2000	2001	2002	2003	2004
卫生总费用(亿元)	4586.6	5025.9	5790	6584.1	7590.3
政府卫生支出	709.5	800.6	908.5	1116.9	1293.6
社会卫生支出	1171.9	1211.4	1539.4	1788.5	2225.4
个人卫生支出	2705.2	3013.9	3342.1	3678.7	4071.4
卫生总费用构成(%)	100	100	100	100	100
政府卫生支出	15.5	15.9	15.7	17.0	17.0
社会卫生支出	25.6	24.1	26.6	27.2	29.3
个人卫生支出	59	60.0	57.7	55.9	53.6

① 世界发展指标健康，个人自付的医疗卫生支出所占比率推算得出。http://data.worldbank.org.cn/indicator/SH.XPD.OOPC.ZS

续表

年份	2000	2001	2002	2003	2004
城乡卫生费用(亿元)					
城市	2621.7	2793	3448.2	4150.3	4939.2
农村	1964.9	2233	2341.8	2433.8	2651.1
城乡卫生费用比例(%)	100	100	100	100	100
城市	57.2	55.6	59.6	63.0	65.1
农村	42.8	444	40.4	37.0	34.9
人均卫生费用(元)	361.9	393.8	4507	509.5	583.9
城市	812.9	841.2	987.1	1108.9	1261.9
农村	214.9	244.8	259.3	274.7	301.6
城市/农村(倍)	3.8	3.4	3.8	4.0	4.2

按城乡分,城市卫生费用所占的比重在逐年增加,从2000年的57.2%上升到2004年的65.1%,4年间上升了7.9个百分点,而农村卫生费用所占的比重则从2000年的42.8%下降到2004年的34.9%。由于农村卫生费用所占比重的下降速度超过人员比重的下降速度,导致城乡人均卫生费用的差距越来越大。在2000年,城市人均卫生费用为812.9元,而农村人均卫生费用只有214.9元,城市是农村的3.8倍。到2004年,这个数字则扩大到4.2倍。

同教育一样,城乡医疗卫生条件差距体现在医疗卫生机构人员的素质上。表2-3显示了城镇卫生技术人员是农村卫生技术人员的数量差距。可以看出,在1990年,城镇每千人拥有的卫生技术人员数量是农村的14.0倍,其中医生(师)数量是农村的13.6倍,护师(士)数量是农村的23.1倍;在2005年,城镇每千人拥有的卫生技术人员数量是农村的6.8倍;其中医生(师)数量是农村的6.4倍,护师(士)数量是农村的10.9倍。

表2-3　城乡拥有的卫生技术人员数量对比

	1990年		2000年		2004年		2005年	
	城镇	农村	城镇	农村	城镇	农村	城镇	农村
人口(万人)	30195	84138	45906	88037	54283	75705	56212	74544

续表

	1990 年		2000 年		2004 年		2005 年	
	城镇	农村	城镇	农村	城镇	农村	城镇	农村
卫生技术人员数(万人) 其中:医生(师) 护师(士)	389.8 176.3 97.5	77.7 35.9 116	449.1 2076 126.7	102.6 51.4 18.2	439.3 190.6 130.8	881 40.3 16.3	446.0 1938 135.0	87.1 39.9 16.4
每千人拥有的卫生技术人员数(人)	12.91	0.92	9.78	117	8.09	1.16	7.93	1.17
每千人拥有的医生(师)数(人)	5.84	0.43	4.52	0.58	3.51	0.53	3.45	0.54
每千人拥有的护师(士)数(人)	3.23	0.14	2.76	0.21	2.41	0.22	2.40	0.22

注:①城镇卫生技术人员数为市县卫生院所拥有的卫生技术人员数,其中市包括直辖市、地级市和县级市;②农村卫生技术人员数为农村乡镇卫生院所拥有的卫生技术人员数;③2004 年、2005 年医生系执业医师和执业助理医师数,医师系执业医师数,护师(士)系注册护士数;④2005 年人口数为推算数。

从医疗设备上看,城镇和农村的差距更为显著,甚至出现了城市有用不掉的医疗设施而农村则存在医疗设备紧张的局面。无论是医疗设备还是医疗基础设施城镇拥有的数量都远大于乡村,而就基层服务来说,乡村诊疗人数却远大于城市街道卫生院。《2011 年中国卫生统计提要》数据显示,城镇社区和街道卫生服务站的总诊疗人次数只占所有诊疗人次数的 24.2%,而乡镇和村级卫生服务站的总诊疗人次数却达到 70.1%。这组数据说明,农村基层医疗健康服务需求远大于城镇。然而这组数据却还是建立在农牧民看病难、看病贵的巨大困难之下,其实际医疗健康服务需求有可能远大于这个数字。因此,基层医疗卫生服务资源分配存在着极大的不公平。

3. 对农村养老保障制度直接投入较低

养老保障是当前农村最需要的一种社会保障制度。随着我国逐渐步入老龄化社会,我国 60 岁以上人口占总人口的 10%,有超过70%的老龄人口分布在农村地区。在城市，通过商业保险和社会保险两种手段，我国城市已经基本实现了养老保障全覆盖。而在农村，农民应享有的养老保障，基本上全由其子女承担，而子女承担的方式则是在城市打工寄钱回家。这种方式的结果是我国农民养老膝下无人、资金稀少可怜的现状。而结合国家在养老方面应承担的责任来看，我国政府逃脱了农村社会保障的责任。目前城乡养老保障对比的数据无法综合显示，这里采用的数据是城乡综合救助机构获得的国家补贴，希望通过这种形式显示财政养老保障资金在城乡投入上的巨大差别。

表2-4　城乡老年福利机构获得的财政性补助比较

单位：万人

年份	城镇			农村			人均对比城市/农村
	年末在院人数	财政性补助（万元）	人均（元）	年末在院人数	财政性补助（万元）	人均（元）	
2000	24.0	13209.3	5504	42.8	11825.2	276.3	2.0
2001	20.0	12525.9	626.3	48.9	17882.3	365.7	1.7
2002	21.7	15056.0	693.8	49.4	18874.6	382.1	1.8
2003	238	25351.4	1065.2	50.4	28804.8	571.5	1.9
2004	28.0	40027.2	1429.5	59.4	49887.6	839.9	17

（二）歧视性制度对农村资源的掠取

大卫·李嘉图认为，工业部门和农业部门在生产方式上存在着巨大差异，其效率和产品需求方式也有巨大不同。农业部门存在着边际报酬递减规律，城市工业部门明显存在着边际报酬递增现象。因此，一国经济用牺牲农业支持工业本来就是一种错误，而我国却是依靠对农业和农民长期的过度掠夺来支持工业。长期以来，我国农村居民收入与消费过低，正是由于我国长期以来的工农业政策偏差造成的，政策导致了农村居民待遇在国民收入分配中的“非国民化”。陈锡文指出，我国农民收入增长缓慢消费长期不振，除了受农产品市场制约以及其他非市场因素之外，更深层次的则是制度性因素，包括财政体制、金融制度、土地制度和农村基本经营制度。

我国经济决策长期以政府偏好为主导，政府在经济政策上拥有极大的自由度，能够长期执行以损害农村居民利益来维持经济增长的财政、金融、土地及价格等经济政策。从实际效果来看，这些政策实际上造成了对农村经济的剥削，最终实现以城市为主体的国民经济增长。

1. 财政政策

从世界各国的实践来看，中国是世界上唯一专门面向农民征收农业税的国家①。除了农业各税以外，乡镇企业所缴的税金也是农村部门的资金流失。

从表 2-5 显示，1985 年以前财政农业支出大于农业各税与乡镇企业实缴税金之和，农村资金通过财政渠道为净流入状态；1985 年以后至 2004 年，每年财政农业各税收入与乡镇企业实缴税金之和大于财政农业支出，农村资金呈现净流出状态。

表 2-5　财政渠道农村资金净流出情况

单位：亿元

年份	农业各税	乡镇企业实缴税金	财政农业支出	财政渠道农村资金净流出
1978	28.4	22	150.66	－100.26
1979	29.51	23	174.33	－121.82
1980	27.67	26	149.95	－96.28
1981	28.35	34	110.21	－47.86

① 中国社会科学院农村发展研究所、国家统计局农村社会经济调查总队. 2003—2004 年中国农村经济形势分析与预测[M]. 北京：社会科学文献出版社，2004，第 12～13 页.

续表

年份	农业各税	乡镇企业实缴税金	财政农业支出	财政渠道农村资金净流出
1982	29.38	45	120.49	－46.11
1983	32.96	59	132.87	－40.91
1984	34.84	79	141.29	－27.45
1985	42.05	137	153.62	25.43
1986	44.52	177	184.20	37.32
1987	50.81	222	195.72	77.09
1988	73.69	250	214.07	109.62
1989	84.94	288	265.94	107.00
1990	87.86	313	307.84	93.02
1991	90.65	365	347.57	108.08
1992	119.17	494	376.02	237.15
1993	125.74	948	440.45	633.29
1994	231.49	1035	532.98	733.51
1995	278.09	1280	574.93	983.16
1996	369.46	1307	700.43	976.03
1997	397.48	1526	766.39	1157.09
1998	398.80	1583	1154.76	827.04
1999	423.50	1789	1085.76	1126.74
2000	465.31	1996	1231.54	1229.77
2001	481.70	2308	1456.73	1332.97
2002	717.85	2694	1580.76	1831.09
2003	871.77	3130	1754.45	2247.32
2004	902.19	3658	2357.89	2202.30
合计	6257.07	25500	15682.05	16075.02

目前，虽然农业税已经被取消，政府也增加了对农业的补贴，

然而实际上涉农行业的税收并没有取消，农业生产的成本依然较高。因此，农业资金通过财政渠道的净流出量并未减少。

2. 金融政策

从当前我国金融业发展的情况看，我国服务农业的农业银行实际上并没有起到服务农业的作用，反而是吸收农业资金施行支持工业的政策。这也是和我国长期施行的产业政策相符的。长期以来，我国施行工业支持农业，农村支援城市的金融政策，为农村和农业提供的贷款服务微乎其微。

目前在正规农村金融机构中，农村信用社分支机构最多，几乎遍及所有的乡镇甚至农村，是农村正规金融的核心力量。农村信用合作社在农村执行的是多存少贷的信贷政策，农村信用合作社确立了其农村资金外流的主要渠道地位。农村金融的另一个重要机构，邮政储蓄银行在农村执行的政策则是只吸收存款不发放贷款，通过储蓄资金转存入中央银行，转存利率与吸储利率之间的差额作为主要盈利来源。

从农村信用社和农村邮储银行在农村执行的政策可以看出，金融机构把农村视为一个重要的资金来源，与城市相比这显然存在重大的不公平。表 2-6 显示了自 1919 年至 2004 年间农村向城镇流入的资金总量。

表 2-6　农村资金通过农村信用社和农村邮政储蓄渠道的净流出情况

单位：亿元

年份	农村信用社各项存款余额	农村信用社各项贷款余额	农村信用社存贷差	农村信用社资金净流出	农村邮政储蓄存款余额	农村邮政储蓄资金净流出
1978	165.97	45.06	120.91			
1979	215.88	47.54	168.34	47.43		
1980	272.34	81.64	190.70	22.36		
1981	319.61	96.38	223.23	32.53		

续表

年份	农村信用社各项存款余额	农村信用社各项贷款余额	农村信用社存贷差	农村信用社资金净流出	农村邮政储蓄存款余额	农村邮政储蓄资金净流出
1982	389.88	121.15	268.73	45.50		
1983	487.89	163.74	324.15	55.42		
1984	624.90	354.53	270.37	－53.78		
1985	724.90	399.96	324.94	54.57		
1986	962.34	568.51	393.83	68.89		
1987	1225.21	771.35	453.86	60.03		
1988	1399.82	908.60	491.22	37.36		
1989	1669.47	1094.85	574.62	83.40	24.40	
1990	2144.94	1413.01	731.93	157.31	45.76	21.37
1991	2709.34	1808.64	900.70	168.77	88.02	42.26
1992	3478.46	2452.80	1025.66	124.96	124.73	36.71
1993	4290.60	3261.59	1029.01	3.35	215.16	90.43
1994	5669.70	4159.46	1510.24	481.23	339.03	123.87
1995	7172.89	5175.83	1997.06	486.82	546.90	207.87
1996	8793.58	6289.84	2503.74	506.68	740.06	193.15
1997	10555.75	7273.23	3282.52	778.78	882.78	142.72
1998	12191.47	8340.18	3851.29	568.77	1078.96	196.18
1999	13358.09	9225.59	4132.50	281.21	1262.68	183.72
2000	15129.43	10489.29	4640.14	507.64	1632.69	370.01
2001	17263.45	11971.16	5292.29	652.15	2024.85	392.17
2002	19875.47	13937.71	5937.76	645.47	2511.85	487.00
2003	23710.20	16978.69	6731.51	793.75	3066.13	554.28
2004	27289.10	19237.84	8051.26	1319.75	3768.31	702.17
合计				7930.35		3743.91

从表2-6可以看出，自1979年至2004年，农村资金通过农村信用社和邮政储蓄银行共流出11674.26亿元。而最近几年随着农村金融政策持续扩大到存贷差，农村金融机构仍将继续担当农村资金流入城市这一角色。

3.产品价格与土地价格政策

我国过去执行的农产品价格政策，也是导致我国巨额农村资金流向城镇的主要原因。陈锡文认为1953年至1985年间，农业对工业的贡献约为6000亿～8000亿元。刘书明和余天心都认为，改革开放以后农业又为工业贡献了约15000亿元，是改革前175亿元的5.3倍。这种情况直至农产品实现市场化以后才有所改善。

土地价格是当前主要的剥夺农村资源的一种方式。我国农村土地从法律上来说归集体所有，而从实际来说却是归政府所有。政府征集土地的权利被弄权者无限放大。各地区政府为了实现地区经济发展，往往廉价征收土地，一些地方政府甚至动用非法手段从农民手中征地。与其他国家相比，我国的情况十分特殊。由于近些年我国发展速度极快，改革速度颇快，土地制度很不健全。地方政府利用模糊的土地所有制和不合理的土地征用制度，在加速工业化，推进城镇化的过程中，极力压低征用农民耕地的成本。

政府通过财政、金融、价格等渠道对农村资金的大量掠取，导致社会资金迅速向城镇集中，农村经济发展所需的资金要素日益稀缺，从而使农村经济的发展受到严重制约，使农村居民的收入与消费的增长受到严重的制度性压抑，与城镇居民的收入与消费差距越拉越大。

二、农村养老基础设施建设原因

基础设施也是抑制农村养老保障发展的重要原因。基础设施不完善，农民的养老需求没有得到满足，大量精力自然投放在改善自身周围环境之中。农村基础设施不完备主要体现在基础设施总体水平不高，地区差距较大，维护机制不完善等方面。

随着我国社会主义新农村建设步伐的逐步推进，农村基础设施总体水平已经有所提高。但就农村和农业的总体需求来看，农村基础设施的总体水平仍然不高。而且从其占全社会固定资产的比重来说，农村基础设施的总体水平有不断下滑的态势。这说明，我国农村投资力度仍显不足。

（一）进一步改良农村交通设施

据全国农业普查数据，至2006年底，乡镇地域有二级以上公路通过的占46.2%，仍有17.4%的自然村未通公路；进村公路以水泥路面为主，而村内路面则以沙石和泥土路面为主。根据作者收集的对农村典型调查数据可知，农村交通设施的建设还存在很多有待完善之处，主要表现在以下三个方面。

第一，村与村之间还存在很多“断头路”，尚不能实现完全的公路沟通。

第二，条件好的行政村之间虽然实现了“公路沟通”，但村内道路仍然主要由农民进行管理，政府投入不够。有很多村子，其村内道路没有采取任何硬化措施，这就极大地影响农业生产效率，从而成为农民收入不高的一个主要原因。

第三，由于我国官员考核制度的原因，农村公路建设长期以来都处于被忽视状态，虽然最近几年国家在农村公路方面持续投入巨资，然而一曝十寒的建设方式必然会造成农村公路建设的不合理。

表2-7　中国有交通设施的乡镇比重（2006年年底）

单位：%

	全国	东部地区	中部地区	西部地区	东北地区
有火车站的乡镇	9.6	8.1	10.2	8.2	21.1

续表

	全国	东部地区	中部地区	西部地区	东北地区
有码头的乡镇	8.9	13.8	9.4	6.8	3.0
有二级以上公路通过的乡镇	46.1	65.9	52.0	29.9	53.6
距一级公路或高速公路出入口在50公里之内的乡镇	61.3	82.0	69.1	44.4	63.2
能在一小时内到达县政府的乡镇	78.1	91.7	85.1	64.5	87.1

表 2-8　中国有交通设施的村比重(2006 年年底)

单位:%

	全国	东部地区	中部地区	西部地区	东北地区
通公路的村	95.5	98.2	96.1	91.2	98.1
通公路的自然村	82.6	89.9	81.1	78	92.7
按村到最近的车站、码头的距离分					
村内有车站、码头	25	29	21.9	19.9	45.5
1~3 公里	45.2	52.1	48.4	34.8	36.9
4~5 公里	11.5	9.1	13.4	13.4	6.9
6~10 公里	10.3	6.7	10.7	15.1	6.9
11~20 公里	5.2	2.5	4.3	9.5	2.8
20 公里以上	2.8	0.6	1.3	7.3	1.0
按进村公路路面类型分					
水泥路面	35.2	51.8	37.1	14.1	25.1
柏油路面	26.3	32.8	26.7	16.4	34.9
沙石路面	25.7	10.8	26.3	42.7	32.7
砖、石板路面	1.1	1.2	1.1	0.6	2.4
其他路面	11.7	3.4	8.8	26.2	4.9
按村内主要道路路面类型分					
水泥路面	27.7	44	26.4	10.6	15.6

续表

	全国	东部地区	中部地区	西部地区	东北地区
柏油路面	11.1	16.5	11	4.3	13
沙石路面	35.7	24.1	38.9	43.5	57
砖、石板路面	2.7	3.9	2.7	1.1	2.6
其他路面	22.8	11.5	21	40.5	11.8
村内主要道路有路灯的村	21.8	44.5	13	4	10.9

（二）农村电力、供水、垃圾等基础服务设施建设依然落后

我国要建设生产发展、生活宽裕、乡风文明、村容整洁、管理民主的社会主义新农村，这就要求我国农村的电力、供水、垃圾等基础服务设施跟上新农村建设的节奏。然而，从作者采集到的调查数据来看，农村的这些基础设施依然十分落后。

据第二次全国农业普查的数据显示，18.1%的乡镇没有完成电网改造；2.4%的行政村和6.3%的自然村不通电话；18.9%的乡镇没有邮电所；全国未实施集中供水的镇还有27.7%（中部地区高达35%）；仅有19.4%的镇生活污水经过集中处理（东北地区仅为12.9%），36.7%的镇有垃圾处理站（东北地区仅为21.9%）；仅有24.5%的村饮用水经过集中净化处理（中部地区仅为9.4%），15.8%的村实施垃圾集中处理（西部地区仅为6.2%），33.5%的村有沼气池（东北地区仅为14.7%），20.6%的村完成改厕（东北地区仅为12.0%）①。由中国卫生部等机构在2006年8月至2007年11月开展的农村饮用水与环境卫生现状调查结果表明，农村卫生厕所的普及率为23.83%，其中无害化卫生厕所普及率为22.74%。同时，利用粪肥的比例为84.34%，而

① 国务院第二次全国农业普查领导小组办公室，中华人民共和国国家统计局．中国第二次全国农业普查资料综合提要[M]．北京：中国统计出版社，2008，第9页．

使用非卫生厕所的农户中有90.04%利用粪肥作为农肥。[①] 目前中国农村有约一半的行政村未通自来水,2亿多人口饮水不安全。据卫生部门和水利部门的调查数据,我国农村饮用水符合农村饮水卫生准则的比例为66%。农村饮用水存在的主要问题是:高氟、高砷、苦咸、污染等水质问题。

在当今高度发达的信息社会中,农业要发展、农民要致富必须要紧紧依赖于农村的信息传播方式。但是我国农村地区的信息基础设施依然非常薄弱,大多数地区宽带依然不通,只能通过拨号上网的方式浏览外部信息,更有甚者在我国部分农村地区依然存在着电视信号不通的现象。这些现象都对农民增收造成了阻碍。

表 2-9 有电力、通信设施的乡镇或村比重(2006 年年底)

单位:%

	全国	东部地区	中部地区	西部地区	东北地区
已经完成农村电网改造的乡镇	81.9	96.8	87.7	67.2	97.6
有邮电所的乡镇	81.1	86.2	89.2	71.6	90.7
通电的村	98.7	99.8	99.8	96.0	99.9
通电话的村	97.6	99.6	98.6	93.8	99.6
通电的自然村	98.3	99.6	99.4	96.1	99.9
通电话的自然村	93.7	97.0	95.2	89.6	98.9

表 2-10 中国有卫生处理设施的镇或村比重(2006 年年底)

单位:%

	全国	东部地区	中部地区	西部地区	东北地区
实施集中供水的镇	72.3	76.6	65.0	74.6	68.3

① 中国社会科学院农村发展研究所,国家统计局农村社会经济调查司.中国农村经济形势分析与预测(2008—2009)[M].北京:社会科学文献出版社,2009:第201～202页.

续表

	全国	东部地区	中部地区	西部地区	东北地区
生活污水经过集中处理的镇	19.4	25.7	17.3	16.7	12.9
有垃圾处理站的镇	36.7	48.9	35.3	30.0	21.9
饮用水经过集中净化处理的村	24.5	47.4	9.4	11.7	20.3
实施垃圾集中处理的村	15.8	29.9	7.9	6.2	14.5
有沼气池的村	33.5	22.5	41.2	42.6	14.7
完成改厕的村	20.6	28.5	15.7	16.9	12.0

三、制约我国农村养老社会保障发展的农村家庭因素分析

我国的农村经济发展还较为落后，农民并不富裕，因此，农村养老社会保障制度将会在长时间内对于保障农村老年人口生活产生重要影响。但是我国的农村养老社会保障制度在发展过程中仍然面临着一些不小的挑战。

（一）计划生育政策的推行缩小了农村家庭规模

随着我国计划生育政策的推行，农村常住人口数量大幅度下降，从1978年户均5.7人下降到2003年户均只有4.1人，并会在未来相当长的时间内继续呈现下降的趋势。

家庭规模的缩小意味着养老保险的风险不易被分担，在养老问题上表现为赡养系数的增加，这在一定程度上增加了农村养老社会保障制度的运行难度。

（二）我国农村人口老龄化问题日益突出

我国人口普查数据显示，截至2005年，我国60岁以上的老年人口已经接近了1.44亿，其中近60%分布在我国农村地区。我国农村地区已经进入了老龄化，这给农村养老社会保障制度的发展带来了不小的困难，我国农村养老保障制度必须尽快建立完善。

（三）农村土地收入得不到保障

随着我国农村家庭联产承包责任制的实行，农村集体经济受到很大打击，没法再为贫困家庭提供经济帮助。同时，由于土地规模较小且流动性差，因此，土地收入不能稳定地保障农村人民的生活质量。由于农业生产率低、产品价格不合理，因此，单纯依靠农业的生产和经营已经很难为农民提供生活保障，这使得对农村养老社会保障制度的需求更加急迫。

第三节　我国新型农村养老保障的发展

随着改革的不断运行，我国已经建立起了新型农村养老社会保障制度的初步模型，并从 2009 年起在全国范围内进行新型农村养老社会保障制度的试点工作。经过一段时间的试点和推广，新型农村养老社会保障制度已经在我国一部分农村地区得到了发展。

一、新型农村养老社会保障制度的试点工作

2009 年底，我国劳动与社会保障部门选择了湖北省为试点对象，在湖北省部分农村地区开始施行新型农村养老社会保障制度，并取得了一定的成效。

（一）试点工作成果

湖北省的新型农村养老社会保障制度的试点运行在 2009 年 12 月全面展开，共有 13 个县市区参与到这次试点工作当中。各地根据自己的具体情况对农村养老社会保险的制度进行制定和执行。湖北省人力资源和社会保障厅的数据显示，截至 2010 年 6 月底，湖北省共有 282.45 万人参与到这场试点工作中，参保率达

到了 74.6%。

(二)新型农村养老保险的财政支持

试点工作小组对湖北省的宜都市和赤壁市的试点工作进行了数据统计,数据显示,2009 年,宜都市政府对新农保的财政补贴达到了 1469.8 万元,占到该地政府预算的 2.15%;而在赤壁市,政府对新农保的财政补贴达到了 471.22 万元,占到该市一般预算的收入的 0.94%。

表 2-11 和表 2-12 分别为宜都市和赤壁市的财政补贴状况统计数据。

表 2-11　宜都市财政补贴测算表

参保对象类别	人数	参保率(%)	补贴标准	补贴金额(万元)
一、缴费补贴	121788	70.4		1224.8
失地农民	9888	5.72	缴费基数的 75%以及人平均 30 元	920
农村低保户	3900	2.25	30 元/人	11.7
残疾人	6600	3.82	150 元/人	99
城镇居民	2000	1.16	30 元/人	6
65 岁以上参保者	36716	21.22		
60～64 岁参保者	36684	21.2	30 元/人	110.05
新增参保对象	26000	15.03	30 元/人	78
二、待遇发放补贴	49014		5 元/人	245.07
合计	170802			1469.8

表 2-12　赤壁市财政补贴测算表

参保对象类别	人数	补贴标准	金额(万元)	项目
普通对象	151120	10 元/年	151.12	缴费补贴

续表

参保对象类别	人数	补贴标准	金额(万元)	项目
残疾对象	1500	110元/年	16.5	缴费补贴
村副职干部	700	80元/年	5.6	缴费补贴
失地农民	10000	180元/年	180	缴费补贴
计生对象	329	10、20、40、50元/月	10	基础养老金补贴
失地农民	1800	300元/年	54	基础养老金补贴
合计	165449		417.22	

在上面两个表中，城镇居民由于参保情况复杂，因此，将参保补贴对象确定为60～64岁的男性以及55～64岁的女性；失地农民对象剔除16岁以下和65岁以上两个年龄层的群众。

（三）试点地区财政支持的特点

通过对新农保的试点工作，以及对试点工作效果的分析和数据研究，我们可以总结出试点地区财政支持的特点主要表现在以下几个方面。

1.对60周岁以上参保对象的补贴

在一些经济发展相对发达、地方财政实力较强的地区，地方政府都为60周岁以上的参保对象提供了除中央财政提供的基础养老金补贴之外的补贴，这项支出一般都会占到地方财政对新农保补贴支出的很大一部分比例。通常，地方财政给新农保参保对象提供的补贴为5～30元不等。

2.对普通参保对象的缴费补贴

为了鼓励更多的参保对象积极加入新农保，各地都对参保对象进行了不同程度的缴费补贴，除了设立100～500元五个不同的缴费档次之外，还设立了600～1200元几个不同的缴费档次，对于选择较高缴费档次进行新农保费用缴纳的参保对象，政府都会予以不同程度的补贴。

3. 对残疾对象的缴费补贴

农村养老保障制度相关政策明确规定，为了保障残疾对象得到基本的养老保障，各地政府应当为其缴纳最低标准的养老保险费。目前，试点地区财政主要采用100/年的缴费标准为残疾参保对象代缴养老保险费用。

4. 对其他参保对象的缴费补贴

针对其他参保对象，试点地区的新农保政策也提供了一些缴费补助。对于计划生育对象和失地农民，政府会给予一定程度的缴费补助。比如说，钟祥市的新型农村养老社会保障制度的相关政策规定，对计划生育独生子的父母，予以每月20元的养老金补贴；对于计划生育独生女的父母，予以每月40元的养老金补贴等。

5. 对长期缴费的农民的鼓励政策

目前，很多试点地区都建立了缴费激励机制，以鼓励新型农村养老社会保障的参保对象能保持长期缴纳养老费用。

二、新型农村养老社会保障制度的特点

我国新型农村养老社会保障制度体现出了以下几方面的新特点。

（一）"统账结合"的财务模式

"统账结合"的财务模式是指社会统筹与个人账户相结合的模式。养老金的所有资金来源，包括个人缴费、集体和政府补助等，都要计入个人账户进行统一管理。而与城镇社会养老保险不同的是，新型农村养老社会保险的资金完全来自政府的财政支持。在新型农村养老社会保障体系中采用"统账结合"的财务模

式,主要出于以下几点考虑。

1. 应对人口老龄化问题的需要

我国的人口老龄化问题越来越严重,尤其是在广大的农村地区,青壮年都外出务工,只有老年人和孩子留在农村。人口老龄化问题的加剧使得很多独自生活在农村的老年人得不到基本的生活保障。因此,采用“统账结合”的财务模式,能给农村老年人提供除了国家基本养老金之外的个人账户的养老补贴,给老年人的基本生活提供保障。

2. 体现权利与义务的对等

采用“统账结合”的财务模式能体现权利与义务的对等,突出农民养老的个人责任以及制度的公平性。

3. 实现未来流动人口城乡的衔接

随着市场经济的发展和城市的不断进步,会出现越来越多的农民进城务工,那么他们的养老保险金的领取以及养老保险账户的转移都成为需要面对和管理的一大问题。因此,采用“统账结合”的方式能很好地解决农村人口城乡流动的问题。

(二)自愿缴费中的强制条款

在资金筹集方面,新型农村养老社会保障制度采用个人缴费、集体补助、政府以政策支持的方式,保险制度共设立了从100元到500元五个不同的缴费档次,参保人员可以自由选择缴费水平。在现实生活中,由于相关法律规定,达到60周岁的老年人,只要其子女完成了养老金费用的缴纳,那么就可以领取养老金。但是由于农村老年人的子女可能不止一名,是不是老年人的所有子女都上缴养老金费用,老年人才有资格领取养老金?又或者是不是如果有一位老年人的子女拒绝参保,那么老年人就无法领取养老金呢?如果是这样的话,老年人领取养老金的资格就会完全受制于其子女，而养老社会保险应该是一项人人享有的权利。所以这中间存在的矛盾是未来相当长一段时间内我国农村养老社会保障制度需要解决的问题。

（三）国家主导与财政补贴

新型农村养老社会保障制度采用以个人缴费为主、以集体和国家财政支持为辅的资金筹集方式，即在强调个人责任的基础上，体现一定的国家责任。我国新型农村养老社会保障制度对国家应当予以补助的范围和责任进行了明确的规定。

1. 地方财政补助范围和标准

新型农村养老社会保障制度规定，地方政府有责任对新农保的参保对象进行财政补贴，补贴标准不低于每人每年 30 元。对于自愿选择较高缴费标准的参保对象，应适当予以鼓励。针对农村部分重度残疾患者或其他缴费困难的群众，地方政府应当为其代缴部分或全部参保费用。

地方政府除了对参保对象的缴费进行补助之外，还对参保对象领取的养老金进行补贴，地方政府可以根据具体情况适当调高养老金领取标准，也可以对长期缴费的农村居民进行一定的养老金奖励。

地方财政这种“既补进口又补出口”的双补模式有利于调动农民参与到新兴农村养老社会保障体系中的积极性，帮助困难群众参保，提高农村养老保险的参保率，扩大农村养老社会保障的覆盖面。

2. 中央财政补助及地区差异

我国新型农村养老保障制度充分强调了国家责任。凡年满 60 周岁的未享受城镇职工基本养老保险待遇的有户籍的农村老年人都可以领取养老金；而对符合条件的参保人员，政府有责任全额支付其每人每月 55 元的基础养老金。

这样的规定不仅体现了国家责任在社会保障体系中的作用，帮助缴费困难群众也能参与到新农保中来，很大程度上扩大了新农保的普及度和覆盖面。保证了农村养老社会保险的公平性、普惠性以及“保基本”的制度目标得以实现。这项规定是我国新农保最重要的特征之一。

中央财政和地方财政相结合的基础养老金以及地方政府对农村居民个人账户的补助能否及时到位决定了新型农村养老社会保障体系是否能顺利运行。据测算，中央财政每年给东部地区提供的基础养老金补助数额大约为105.7287亿元，给中西部地区提供的基础养老金补助数额约为429.3551亿元；2008年，我国中央财政收入32680.56亿元，而对“新农保”的财政补贴只占到全年财政总收入的1.64%，[①]可以看出，中央财政完全可以担负得起“新农保”制度的财政补助。

同时，根据我国新型农村养老社会保障制度的规定，地方财政对农村养老保险的补助也应当达到最低标准。每年，我国地方政府提供给“新农保”的补助数额大约为245.1262亿元，只占到地方年财政收入的0.8556%，也就是说，“新农保”对地方财政提出的最低补助标准对于地方政府来说也不是非常大的负担。但是由于地区经济发展的不平衡，我国中西部地区的地方财政压力依然很大，因此，在未来新农保的改革和发展过程中，怎样降低中西部地区的财政压力，提高中西部地区农民新型农村养老保险的参保率是非常重要的问题。

（四）基础养老金的福利性质

随着农村经济体制的改革，我国的广大农村地区也开始进入社会转型期，文化观念和阶层结构发生了巨大的变化，传统的家庭养老模式失去了存在的基础的观念依据。现在我国农村的很

---

① 邓大松，薛惠元．新农保财政补助数额的测算与分析——基于2008年的数据[J]．江西财经大学学报，2010(2)：38～40.

多老年人，由于年纪逐渐增大，劳动力逐渐丧失，已经无法为自己创造出生活来源了，而年轻时辛苦赚来的积蓄也几乎用在了儿孙身上，虽然传统的家庭养老模式还是存在，但是随着老年人在家庭中地位的下降和对家庭贡献的减少，人们日益淡薄的赡养老人的观念还是给农村老年人的生活造成了影响，很多老年人经历着社会地位和家庭地位同时下降的双重心理伤害。

新型农村养老社会保障体系给农村老年人提供的基础养老金，是独立于个人缴费所获得的养老金之外的福利性养老金，虽然这部分资金不能给农村老年人生活的改善起到重要的作用，但是却能使老年人获得一部分自由支配的资金，为改善自身生活标准、降低对子女的依赖起到一定的作用。

第四节　完善农村养老保障制度建设措施与建议

在我国建立健全农村养老社会保障制度是一项复杂的系统工程，关键在于制度的创新和改革。我国已经在实行当中的新型农村养老社会保障体系仍然存在一些缺陷。因此，我国政府应当尽快出台相关的法律规定，对农村养老社会保障制度进行立法保障，同时，要完善政策，采取多项措施，推动我国农村养老社会保障制度的进一步发展和体系的建设。

一、提高土地保障的功能

提高土地保障的功能具体来说要做到两方面，一方面是要通过政策支持和组织措施进一步保障农民通过耕种或其他土地作业的收入，同时减少农民生产、经营土地的风险；另一方面，要推进多样化土地养老保障措施的发展和施行。

提高土地保障功能的例子很多，比如说，在越南和东帝汶等国家推行的“养老米”制度；在韩国推行的夫妇优待计划等等。

二、妥善处理失地农民的养老保障

土地是农民获得经济和收入来源的重要因素，失去了土地就意味着农民的生活无法得到基本的保障。目前，农民失地已经成为我国最大的社会问题之一，因此要妥善处理好失地引发的土地转让、土地征用等问题，推动《失地农民权益保障条例》的建立和施行，保障农民的合法权益不受到侵犯，兑现土地补偿金，并利用养老金个人账户的功能安排失地农民进城入住、就业等。

三、从条件允许的地区做起

我国要想扩大农村养老社会保障制度的覆盖面就应该先从经济发展相对发达的地区做起，一步步扩散到全国其他农村地区。坚持“分类指导、以此推进”的原则，在以下地区逐步开展农村养老社会保障工作。

(1)农民收入相对稳定，基尼系数(衡量某地区的贫富差距的系数)为 0.35 左右的地区。

(2)政府或社区、基层组织有条件为农民提供养老保险金缴费补贴的地区。

(3)金融机构服务网络相对接近农户的地区。

此外，针对某些特殊群体，国家应加快出台相关政策，帮助其尽快具备条件，从而成为农村养老社会保障体系的受保对象。

四、充分利用金融资源、节约制度成本

随着科学技术的发展，信息技术和计算机技术在金融服务和监管体系中开始扮演越来越重要的角色。政府只需要投入较少的资金，就可以在网络系统中建立管理农村养老社会保障体系的管理平台。

此外，利用金融资源的渠道帮助农村居民建立养老保险个人账户也是重要的推动养老保险在农村持续发展的可行措施。

五、扩大农村养老保险覆盖面

我国加入世界贸易组织之后，城乡协调发展的速度进一步加快，大量农村人口进城就业，因此，在这样的环境下，农村养老社会保障体系既要满足大量进城务工农民的需求，同时也要适应城镇基本养老保险制度改革的需要。因此，我国的农村养老保险应当覆盖到所有拥有承包权的农民，无论他们处于怎样的就业状态。

六、尽快建立完善农民养老保险金个人账户制度

建立完善农民养老保险金个人账户制度对于推动养老保险制度在我国广大农村地区的发展至关重要，养老保险金的农民个人账户应该具备以下特征。

（一）多方筹集资金

农民养老金个人账户应该遵循多方筹集资金的原则，以个人出资为主，集体给予一定数额的补贴，政府则应当予以政策扶持。当农民的个人账户数额达到一定数字时，政府就可以不再继续资助。政府予以帮助可以采用以工代费的方式，没有经济条件缴纳养老金费用的农民可以参加地方政府组织的公益活动，劳动换来的收入可以用来抵扣养老金应纳费用。

政府应当对农民享受优惠税收政策的限额进行规定，保障社会公平、避免某些人利用养老金个人账户进行逃税。同时，政府应当指导农民管理自己的个人账户。

（二）农民自己开设个人账户，参与管理

养老金个人账户的开设要以“信息共享、节约成本”为主要原

则，个人账户由具有托管资格的银行保管，并负责向参保人公布信息。农民、集体以及政府补助的费用全部计入个人账户。停止原来由农保代办员对养老保险费进行管理的方法，而是由农民自己开设养老金个人账户，并对自己的账户进行管理。

（三）推动养老保险金个人账户的弹性最大化

推动养老保险金个人账户的弹性最大化就是指实现个人账户的可移动性，提高个人账户的灵活性，比如进城务工农民的养老金个人账户要能方便携带，保证参保人员随时随地都能进行养老保险的办理、缴费、查询等业务。同时，在信息技术的支持下，实现养老金个人账户的缴费方式、转账、中止及恢复等功能的信息都能得到灵活、便捷处理。

（四）建立封闭管理的锁定账户

封闭管理的锁定账户就是指在农民将养老保险金缴费上传至中央农保托管基金的整个过程中不进行任何中断或经营，而上缴完成的养老保险金在参保人员达到养老金领取年龄之前都不得领取。托管银行对这些账户进行投资运营，但是托管银行不得向参保对象征收工本费，而是应当以经济规模进行抵扣。

七、运行农保基金托管制度

运行农保基金托管制度要以“安全托管、独立运营、有效投资”为基本原则和前提，具体运行措施如下。

（一）托管银行建立和运营养老金账户系统

封闭运营的养老保险金个人账户系统应当由具备托管资格的银行进行统一管理，保证农民的养老金缴费能在规定时间内进入个人账户，并可以被投资或进入增值过程。

（二）建立中央农保信托基金和管理机构

建立中央农保信托基金和管理机构，在农村养老保险发展相对成熟的地区可以建立省级农保信托基金。农保基金应当实行市场化的运营模式，依法设立委托人、受委托人、账户保管者和投资管理员。农保信托基金管理机构需要完成以下任务。

（1）确定并委托管理养老基金账户的托管银行。

（2）对农保基金投资管理机构进行选择和监督，并依法制定合理的投资计划。

（3）对外公布信息。

（三）建立省级“农保基金理事会”

省级“农保基金理事会”的职能就是代表农村养老保险参保人员，对农保基金账户以及投资管理的监督机构进行管理和监督，并对外公布信息。省级“农保基金理事会”的委员会成员由地方人大、司法部门员工、政府相关部门人员和参保人代表共同担任。

（四）建立农保基金运营监管制度

建立农保基金运营监管制度，将农保基金纳入劳动和社会保障的社会保障基金的监管范围，并对其进行全方位管理和监督。同时，要依法对参保人员、中介机构以及社会舆论对农保基金的监督权进行保护。

八、建立高效的农保管理和监督体制

由劳动和社会保障部门负责，在全国范围内建立垂直的农保管理和监督体制，对政策的制定、综合信息的汇总进行操作和监督。各地区劳动和保障部门要根据上级部门的相关指示，对具体的执行政策和方案进行制定，并对本地区的具体农保工作进行指导和管理。

九、保证农民对养老金缴费方式的选择权

参加农村养老社会保障的农民人口众多且拥有完全不同的生活环境和经济状况，因此，应当保证农民在选择养老金缴费方式时有适当的选择权，坚持“自主选择与法定选择相结合”的原则进行养老金领取方式的确定。鼓励农村居民定期按月支付养老金费用；并鼓励包括政府经办机构在内的社会各界养老金经办机构展开市场竞争，提高农村居民选择经办机构的自主权和选择余地。

第五节　建立健全多层次的农村养老保障体系

一、加快建立农村养老保障制度的意义

农村社会养老保险制度在我国经过了试点、推广、规范、整顿、暂停、再发展的跌宕起伏的过程。这反映了在政策层面我国对农村养老保障的重视。虽然我国理论界对于农村地区是否应建立社会养老保险制度存在一定争议，但是大多数学者还是持支持态度，争议仅仅存在于时间早晚的问题上。有学者认为，农村地区当前建立养老保障制度尚不具备条件，我国农村刚刚实现温饱，部分地区尚未脱贫，大多数地区经济条件不发达。有一部分学者则认为我国农村地区经济正处在飞速发展的关口，如果能够建立适当的养老保障制度，对于农村地区经济发展来说将是一大助力。笔者从当前农村地区人口、土地、家庭等多个方面进行综合考量，认为当前农村加快建立多层次的养老保障制度主要有以下几个方面的意义。

首先，我国农村地区老龄化趋势逐渐加快，有较大的养老保

障需求。从我国人口变化来看，农村地区因为存在着大量的人口迁出，老龄化问题较为严重。从第六次全国人口普查的数据来看，全国约有65%的人口处于农村地区，农村老龄人口的绝对数是城镇的1.7倍[①]。根据权威的人口学专家预测，我国农村在2020年将会有14%～17.7%的人口是65岁以上的老人。另一方面，随着我国农村经济的发展，农村地区青年不断从农村迁往城市，农村老龄人口则作为遗留人口留在了农村。这就在一定程度上加大了我国农村老年人口的生活保障需要。

其次，不断弱化的土地保障功能刺激农村必须要不断加强农村劳动保障制度的建设。前文已经论述，土地对于农民来说具有重要的保障作用。但是，随着我国社会经济的发展，土地的保障功能不断弱化。一方面，土地产出的粮食收入在农民的收入体系之中所占比例不断降低。近些年，我国经济的发展提升农民收入的同时，也降低了粮食收入在农民现有收入体系中的地位，从原来的“一家独大”变成现在与打工收入的“并驾齐驱”。另一方面，农产品价格受市场作用明显，“谷贱伤农”的事实一再提醒农民要从土地上解放。在许多地方，农民抛荒的现象非常严重，“种地不挣钱”已经逐渐成为农民的共同观念。再者，在我国城镇化的进程中，农民土地保有数量不断减少，农业让位城市发展已经成为各地区城镇化的一个共同现象。土地数量减少，农民依然经营土地的情况下需要付出相同的精力，投入产出更加不成比例。在这几个方面的作用下，土地经营已经逐渐成为农民的一个负担。由此可见，土地的保障功能对于农民来说越来越不可靠。依靠土地进行养老已经逐渐成为一个不现实的事实。

最后，传统的家庭保障受到新型家庭模式的挑战。家庭是社会的基本细胞。在新的社会条件下，家庭养老的模式已经逐渐成为过去几千年的共识。老年人从家庭中获得物质和精神的双重慰藉。然而，随着我国经济生活节奏的不断加快，传统的家庭模

---

① 数据来源于国家统计局网站.

式已经逐渐为新型的“2+2+2+1”核心家庭模式所取代，只生一个，远离故土，已经成为许多年轻人的共同看法。据统计，在我国3.4亿农村家庭中，3人制核心家庭比例已经超过30%，综合其他独居家庭和两人家庭的比例这个数据可以达到56%。[①] 家庭模式的转变已经为农村养老带来了极大的威胁。家庭成员面临的风险不易分散，养老需求开始转变。此外，大量外流到农村青壮年的劳动力开始受到城市文化的影响，传统的观念开始淡化，逐渐开始看淡父母在家庭中的地位。事实上，虽然很多农村地区仍有子女为父母养老送终的观念，但是子女外出父母无人照料已经成为一个共同的事实。

二、对完善当前农村社会养老保险制度建设的思考

当前，我国农村社会养老保险存在的问题主要体现在两个方面：第一是养老保险制度模式设计方面的问题；第二是制度执行过程中的问题。从当前养老保险制度执行的情况来看，笔者认为，当前农村社会养老保险制度建设应从两个方面着手，一方面是制度设计过程中存在缺陷，针对制度反复进行斟酌，针对缺陷进行制度修订。另一方面，根据环境系统性问题，加大反腐力度和其他方面解决问题的办法，针对制度执行的问题进行处理。经过这两方面的处理之后，农村养老保险制度的执行还要抓紧进行调查和分析，针对我国农村社会经济发展的实际情况，在效益和公平的前提下有差别的设计农村社会保障体系。综合来看，农村社会养老保障体系应重点把握以下几个方面。

（一）根据不同农村群体的需求和缴费能力，对农民分类建立养老保险制度

不可否认的是，我国农村社会已经发生了翻天覆地的变化。

① 李培林.中国的社会变局——当前社会发展状况及存在的问题[N].中国经济时报，2003-1-30.

农村社会群体也在这种变化的基础上产生了严重的分化。不同的农村社会群体对社会养老保障的需求和缴费能力也各不相同。在农村养老保障的模式设计上,可以考虑进行差别设计。苏州地区进行了“一个体系,两种制度”的做法,农民在这个体系下将会按照不同群体进行分类,对他们的社会养老保障需求进行分析,再设计不同的有针对性的养老保障方案,以满足不同群体。根据当前农村社会群体的类型,农村群体主要可以划分为四种类型,一类是农村地区非农业群体,主要指乡镇企业职工和农村工商户,二类是农村外出务工经商群体,也就是农民工,三类是农村城镇化过程中的失地农民,四类是典型意义上的农民,即仍旧以种田为生的农民。

农村的非农业群体,是指在农村居住,但是从事非农业生产活动。从性质上来看,他们与城镇职工无异,可以根据他们的情况将其划入城镇职工社会养老保险体系中。这个划归需要考虑各个地市的不同情况,以及所在工厂的不同收入情况。总体来说可以根据各个地区的情况适当降低缴费比例以及相应的养老待遇水平。

进城的农民工可以根据实际情况进行再分类处理。一般来说,可以根据其情况是否稳定进行划分。对于具有稳定职业和住所的农民工,可以参照上文的从事非农业生产的农村居民进行适当处理,将其纳入统一的城镇社会养老保险制度中。那些没有稳定职业、收入不稳定、住所不稳定的农民工可以在制度设计上考虑适当降低费率的流动性补缴办法。政府可以适当考虑将他们的养老金划入自己的账户,允许他们自愿进行缴纳,在他们工作流转的情况下,转入下一地市。另外,还可以根据他们的实际情况在缴费方式、缴费基数、最低缴费年限和退休年龄上实行更加灵活的政策。

对于那些在城镇化过程中已经失去土地的农民,这一群体因为土地被征用而失去了安身立命之本。他们没有了土地作为生活保障,在城市生活中也没有相应就业技能,很难适应,只能利用土地补偿款作为养老保障的基本来源。这一部分农民的养老保障问题需要根据他们的实际情况进行设计,保证各个方面的公平与效益。本书将会单独列一章对其进行讨论。

对于传统的以种田为生的农民,则适宜使用农村养老保险制度,在制度设计上,农村养老保险制度应采取完全累积性的个人账户模式。虽然在执行过程中,这一模式存在很多问题,但是这些并不在于制度设计上,而在于其管理体制和运行机制上。建立个人养老账户,将农民缴费和集体补助记在个人名下,将来养老金的发放则以个人养老金账户余额为准进行。这种模式具有直观明确、产权清晰的特点,适应我国农村的实际情况,也符合各国养老保险制度改革的发展趋势。在覆盖范围上,农村养老保险制度应以覆盖年满18周岁的全体农业人口为宜,稳步扩大,原则上覆盖养老保障制度推行之前的年满60周岁的男性和年满55周岁的女性。资金安排上以政策补贴、集体缴费和农民个人缴费相结合的模式进行。

上述划分只是结合当前农村社会群体分化的大概模式,不能完全覆盖农民的类型,农村还有其他很多农民没有容纳在这个划分标准之内。总之,农村社会养老保障制度应该按照我国农村社会的发展灵活进行处理,逐渐设计与城镇职工养老保险制度结合、贴近农村社会实际的养老保障制度。

(二)坚持"个人缴费、集体补助和国家扶持"相结合,多方探索基金筹集方式

在农村养老保险资金筹集方面,从世界上开展农村养老保险制度的国家所实行的基金筹集方式来看,主要包括三种类型:第一类是以德国、日本、美国、韩国等为典型代表的社会保险型农村养老保险制度,实行现收现付与积累结合制相结合的资金筹集与计发模式。养老保险待遇与个人收入、缴费年限相联系,强调农民养老首先是个人的义务,然后才是国家和社会的义务。资金的筹集在强调个人的缴费义务基础上,政府给予较大程度的补贴。第二类是以英国、瑞典、加拿大等为典型代表的"福利国家型"养

老保险制度，强调“普遍性”原则，一般保障水平也较高，养老金主要通过国家税收来筹集，被保险人不再另行缴纳相关费用，保险基金实行现收现付制的办法，国家承担全部支付责任。第三类是以新加坡与智利为典型的储蓄保险型养老保险制度，实行完全积累型基金筹集模式，基金主要来源于雇主和雇员按照工资收入的一定比例缴纳保险费、国家不负担任何保险费，仅给予一定的政策性优惠。

从国外这三种模式筹集资金的效果来看，储蓄型养老保险模式完全实行个人累积的筹资模式。这种模式受人口老龄化的影响较小，对国家财政的依赖程度也较低。这种模式也有明显的缺陷。个人养老保险的多寡完全取决于劳动力就业时的缴纳数额，不存在居民之间的收入再分配，所有居民之间也不能共担风险。另外，个人储蓄金还容易受到通货膨胀的影响，难以实现保值和增值。福利型养老保险模式更加注重公民之间的公平，有利于全体国民的福利待遇。针对经济水平较低的国家，这种模式能够最大程度地提高养老保险的覆盖面。然而这种模式的缺点却在于养老保险对国家财政和经济发展的依赖程度较大。随着老龄化社会的不断加深，这种模式发放的社会福利将会日渐萎缩。社会保险型的养老制度则兼顾了上述两种模式之间的优点。一方面，这种模式的资金来源范围较为广泛，没有完全依赖财政支出，个人、企业和政府均有责任。另一方面，国家可以利用“看得见的手”对养老保险制度进行调节，最大可能地实现社会公平。因此，这种模式的保障水平和保障程度也较高。这种模式的缺点也是明显的。这种模式需要真实的统计数据做支撑，需要行之有效的管理制度。否则，这种模式将会具备以上两种模式的缺点，非但不能注重养老保障的公平还会陷入财政依赖的局面。

通过对上述三种养老保障资金筹集模式的分析，结合我国目前的实际情况，坚持“个人缴费、集体补助和国家扶持相结合”的农村社会养老保障更为有利。诚如以上的分析，这种模式需要在认真分析养老保障对象情况的基础上展开，不能盲目执行。另外，国家还适宜通过多种方式实现对农民的补贴，例如在粮食收购价格上、征地补偿款管理上等多个方面。

具体来说，农村社会养老保障资金的筹集应确定“以支定收”的原则进行筹集。个人的缴费比例可以按照农民的人均收入和城镇企业职工的平均缴费比例确定，设定个人缴费上限，由民政部门和劳动部门确定与公布。财政补助需要在数据支撑的情况下展开。国家需要掌握当地农民农村的实际状况，针对确实困难的群众进行一定程度的财政补助。

在以上措施的基础上，农村养老保障资金的筹集可以从以下四个方面进行探索。

首先，探索通过农村土地承包权流转筹集资金的方式。农村土地承包权流转已经成为农村土地模式发展的趋势。所谓农村土地承包权流转是指在坚持农户对土地承包权不变的前提下，将土地集中耕种，实现规模经营，实现的收入则承包者和实际使用者之间进行分配。农民根据土地承包权流转可以得到一部分生活保障。土地经营者则可以通过规模经营实现收益。这种制度并没有改变土地的所有制形式。土地原则上仍归集体所有，承包权仍归农民所有，农民转让的只是土地使用权。在具体操作中，通过科学预算与不断试点，可以确定一个固定的额度，从转让收益中缴纳养老保险基金。浙江省绍兴柯桥镇新风村建立了一个土地股份合作社，支持该村土地的积极流转，实现结构调整。合作社将自身股份划做三个部分，分别是农户承包股、村集体所有股和农民自有股。股份改造完成以后，合作社按照当年的收入和上年的补贴水平确定征农补贴。按照股份分配以后，村集体就有一定的资金可以安排农村养老保障的制度，达到了拓宽农村养老保险资金来源的目的。

其次，探索“粮食换保障”的养老保险资金筹集模式。我国是一个农业大国，粮食是农民最主要和稳定的收入来源。近些年，随着商品经济在我国的推行，我国一部分地区呈现出粮食价格走低，各地土地抛荒的现象。这些现象直接导致了全国粮食的减产，间接导致了粮食价格上涨和粮食安全的问题。在我国农村养老保险资金筹集的问题上，如果能够采取用粮食换保障的方式，则一定能够大大刺激农民种粮的积极性。在粮食主产区采取这种政策，一方面能够降低粮食补贴的费用，将粮食补贴转化为养老保障，另一方面则能够将农村的多个方面组织起来，塑造一个有机模式。政府只需要根据粮食储备的资金对农民养老保障进行定额补贴，就可以将原有闲散的资金重新积累起来，以满足农民的需要。另外，在国家层面来看，这一措施还能够保障国家的粮食安全，而且还能完成粮食流通体制的市场化改革。

再次，积极探索养老保障与人口计划生育政策相结合的方式。长期以来，我国都投入了巨大的经费以保障计划生育政策，这在城市和农村都取得了积极的效果。然而，对于城市来说，国家投入了相对较多的保障资金以保证城市人口的养老。对于农村来说，这一部分资金却是不足的，农村仍抱有"养儿防老"的养老观念。因此，走与计划生育相结合的道路是农村养老保障发展的必然之路。一方面，走这条道路能够继续推进计划生育政策的落实；另一方面，走这条道路可以实现农村养老观念的转变，再者，走这条道路可以加速实现农村养老保障制度的确立。总之，养老保障制度与计划生育政策的结合可以实现两者的双赢，对发展农村经济具有重要的推动作用。

最后，发展农村养老保险福利彩票，积极筹集养老保险基金。发行养老彩票筹集养老保险资金对于我国农村人口较大的基数、较薄的底子、有限的缴费能力来说具有推动作用。养老彩票能够有效筹集资金这不必再说。养老彩票的自愿购买原则则可以使农村富裕人口的闲散资金投入到农村养老保障体系之中，形成农村收入分配的在调节机制。因此，发行养老彩票对于推动农村养老保障来说具有十分重要的作用。

在具体实施环节，农村养老保险可以走出一条借鉴福利彩票与体育彩票发行的方式，公开、公正、公平的发行养老彩票，各级养老保险机构统一进行管理。销售数据和资金通过银行转账的方式进行处理。不同于传统彩票的是,这种彩票为每一个购买者设立一个专门的“个人实名养老保险账户”,彩票购买者购买养老彩票金额的一半用于博彩,一半划入个人实名养老保险账户。如1注最小数额为2元的养老彩票,1元参加博彩,剩下的1元划入彩票购买者个人实名养老保险账户,作为购买者缴纳的养老保险金,账户金额累计计算。博彩所获利润定期根据参保者养老保险账户金额按比例注入参保者账户。全部筹集资金由基金管理部门统一投资运营。这种全新的农村养老保险彩票,由于一半投资资金划入个人养老保险账户,相比其他彩票50%投资本金的个人损失,彩票投资本金不仅没有损失并且还能通过建立个人养老保险账户实现保值增值,必将充分调动农民参保的积极性,不仅可极大地减少国家财政负担,甚至还有通过税收补贴财政的功能,达到由全社会人人出力,共同建立农村养老保险体系的目的。

(三)实现养老保险基金管理制度创新,拓展基金增值渠道,提高运营收益

在资金征收和运营的方式上,本书认为可以将原制度中乡镇政府直接征收的形式改革成为农民自愿委托专业金融机构开设个人养老账户的模式,即农民自己通过合法委托途径设立自己的养老账户,而且还可以根据规定的缴费上下限基础上自主决定每年的缴费数额与缴费方式。同时,政府还应依法确保农民对该账户的资产所有权,由受托的金融机构对该账户的数据进行监管。在这种制度的基础上,农村养老保障基金的安全性和有效性能够避免人为因素的影响,而且还可以保证农村养老账户低成本运行。由于受托银行有较大的资金规模这一部分成本还可以抵消,从而达到减轻参保农民负担的目的。

在资金管理问题上,政府可以将原来分散在县级的资金管理权限提高到省级和国家级,甚至可以考虑设置中央与省、直辖市、自治区两级的基金管理机构,承担农村养老保障基金的管理责任。

养老基金的管理制度要严格执行，加强财务审批程序管理，实现养老保险费的专款专用。在必要之时，应建立监督审核制度。国家审计部门可以定期进行养老保障资金的审核，杜绝任何挪用现象的发生，以确保农民养老保障资金的安全。

在利率设定和缴费标准的问题上，本书认为，应保证设定的公平与公正，逐渐将利率学的市场机制引入到养老保险基金管理之中。这样，利率设定能够充分结合物价变动，以保障农村社会养老资金不减值。利率管理上，管理部门尽量采取分段计息的方法，规避系统性风险的发生，以实现养老保险基金支付的平衡。

在资金运营问题上，农村社会养老保障资金还有以下几个方面的工作要做。第一，向国家争取一个稳定的法律和政策环境，以拓宽农村养老保障资金的投资渠道。农村养老保障资金可以和社会上其他养老保障资金有所区别。因为农村养老保障资金的来源与运用都是实行纯基金制，其目标是维持长期的收支平衡。而我国市场经济发展至此，资本市场和货币市场发展依然不够健全，各个方面的制度建设还不够完善。养老保障资金进入市场必须要有一个过程。当前我国农村社会保障资金的投资渠道仍旧非常单一，以银行存款和购买国债为主。这种形式对于我国农村养老保障资金的需求来说显然不是非常合适。国家应开辟一些渠道为农村社会养老保障资金放行，例如允许农村社会养老保障资金参与一些项目的 BOT 建设，对于农村养老保障资金的银行存款免征利息税。这种措施可以适当提高农村养老保障资金的收益，以满足未来农村养老保障的需求。第二，要实行基金运营管理的分离，坚持市场化运营的原则。针对前文提出的管理方式，农村社会保障基金可以建立省级理事会，依法成立委托人、托管人与投资人的制度，向市场进行公开化的专业运营招标。在适当的时候，国家可以根据我国资本市场的发展程度，放开农村社会保障资金的准入门槛，允许其购买高收益低风险证券。原则上看，我国农村社会保障资金应不断进行投资试点与探索，不断扩大投资方式，以增加投资收益。

此外，基于农村社会养老保障资金的保值增值考虑，笔者认为可以考虑资产建设的要素，实行保险证的方式实现资金的保值增值。

所谓资产建设是指政府通过有组织的方式引导帮助穷人进行资金积累与投资。这个概念在实践操作过程中使用非常广泛。一方面，资产的定义使用非常广泛，可以是金融资产，也可以是人力资产，以及其他方面的社会资源。另一方面，具体的操作方式也非常多样。在此，主要介绍保险证质押借款这种形式。

保险证质押是一种金融资产的运作方式，是指已经参加农村社会养老保障制度的农民可以在经办机构允许的情况下，将自己持有或者借用他人的保险缴费凭证作为抵押物，按照一定的程序和规定向有关部门办理手续，从社会保障资金管理部门借出一定的款项，以解决生活中的重大问题。原则上说，农民向社会保障资金管理部门借款需要说明借款用途以及还款方式，以保障该项组织能够及时归还，不发生坏账。对于已经借出的款项，资金管理部门还应进行使用监督。因此，资金管理部门应和农民签订借款协议，做出各个方面的规定，对于信用水平较低的农民停止借款。

在资金的监管问题上，由于我国资本市场发育不够健全，各项法律制度仍旧不够完善，农村社会保障资金的社会化运营不可避免地产生各种系统性和非系统性风险。因此，建立农村养老保障资金的监管体制显得非常有必要。首先，政府要建立相关的组织——专业的管理机构，在组织上做出保障，以专业的要求防范经营和道德风险的发生。其次，管理机构应建立严格的准入关，对运营机构进行专业性认定，将不正当、不规范的运营机构拒之门外。最后，政府要制定农村养老保障资金的限制性投资政策，加强农村养老保障资金的风险和收益管理，注意农村养老保障资金的安全性与流动性，力求通过监管将其控制在一个适度的范围之内。此外，在监管问题上，政府还可以通过信息披露与检查的制度，加强资金使用的安全监管。

总之，对于农村社会保障资金的管理、运营与监管问题，政府要建立一套合理的制度，加强各方面的建设水平，适应农村养老保障的需要。对于农村养老保障资金来说，其基本要求即是流动性、安全性与收益性。农村社会保障资金的管理、运营与监管要在这几个方面做好工作，做好相关方面的管理。

（四）合理确定农村养老保险给付水平，切实保障农民老年生活

在农村社会养老保险给付水平的确定上，要坚持既能保障农民老年的生活，又与当地经济发展水平相适应的原则。从世界各国的社会保障给付水平看，农村社会保险保障水平普遍低于城市保障水平，这主要是因为农村经济发展水平普遍低于城市，农民收入低于城市居民收入，这就决定了农民生活水平低和缴费能力有限。在我国，经过三十几年的改革开放，虽然农村经济有了较大发展，但与城市经济发展水平相比，还有很大的差距。目前乃至今后很长一段时间，中国的农民生活水平还将维持在温饱线上，因此这也就决定了中国农村的养老保险给付水平不可能与城市居民的养老给付水平相当，也不可能长期维持在较低的水平上。对于农村养老保障资金给付来说，农村社会养老保障资金给付的基本目标是保障农民农村的基本生活，高于农村最低生活保障标准。各地的给付水平应有不同的原则。一般来说，给付水平一方面要保障农民参保的积极性，保证农村养老保障制度的可持续发展，另一方面要考虑当地农村的生活水平，保证参保农民的基本生活。具体来说，给付计算要综合考虑农民农村生活在衣、食、住、行等方面的花销，有条件的地区要考虑其交通、通信、娱乐等方面的花销。

对于给付来说，我们必须要注意到中国农村经济发展极为不平衡。养老给付可以建立在各个地区的实际水平基础之上。

（五）理顺体制，加强养老保险的管理和检查监督的力度

首先，要理顺关系。目前全国各地农村养老保险机构可谓五

花八门，单位性质各异，有的属全额拨款事业单位、有的是自收自支事业单位，有的则干脆是自负盈亏的企业性质。农村社会养老保险工作作为一项由政府主办的公共事业，其经办机构理应纳入国家行政事业单位体系，其经费纳入国家财政预算。只有这样才能让各经办机构和经办人员放下包袱，轻装上阵。因此，各级农村社会养老保险机构应统一名称，归并到各级劳动保障部门，作为全额拨款事业单位，所需经费由同级财政预算安排解决。

其次，对于农村社会养老保障基金管理水平不高的现状来说，必须注意加强和改进。第一，企业要注意建立健全适应当地实际工作需要的基金管理制度，建立负责人制度和目标责任制度，强化约束机制和激励机制。第二，加强监督和检查，将经济效益好的乡镇企业作为农村养老保险发展的重要突破口，充分发挥乡镇企业在农村社会养老保险制度建设中的作用。同时在社会保障网络没有完全建成之前，我国仍应积极维护家庭养老的功能，对无理不尽赡养义务的责任人要追究其法律责任，保障老年人在家庭养老保障中的责任。第三，要大力推行和普及社会保障网络中的信息技术使用，提高办事效率，推行“互联网＋”的农村养老保障制度建设，建立健全农村养老保障制度建设中的各项数据库，以清晰直观的方式展现给农村居民。这样做能够在提高社会养老保障制度建设效率的前提下，保障农村农民参保的积极性。第四，要加强现有农村社会保险工作人员的培训工作，提高其业务能力，同时要适当引进专业人员，提高这支队伍的素质水平。从事农村社会保障建设工作，需要有高度的事业心和责任感，需要有对农民的感情，这就要求加强其思想教育。

（六）在制度推行上，因地制宜，由东至西非均衡推进

根据相关资料，西方发达国家建设农民养老保障制度的时期大多为工业化发展中期和成熟期之间。也就是说，工业化发展积累到一定程度能够反哺农业的时期。相关经济指标主要体现在以下几个方面：第一，农业在国民生产总值中占据15％以下的份

额，农业劳动力需求占据总体劳动力需求的20%以下；第二，农业人口在总人口的比率低于50%，而且处于老龄人口的高峰期；第三，经济发展的总体水平较高，人均GDP达到2000美元以上。[①]从当前我国农村经济以及社会总体经济的发展状况来看，我国只有部分地区达到了这个条件，也就是东部沿海发达地区的农村。我国的其他地区，如中部和西部，农村经济的发展状况依然不容乐观，一些地区还处于贫困线以下，需要政府的帮助与扶持。因此，从这个观点出发来看，我国农村经济发展仍旧存在一些差异，农村社会保障的发展总体上应该按照差异化的方式进行推进。这些年我国农村地区的养老保障发展实践也表明我国尚不具备整齐划一的养老保障推进方式。整齐划一的推进方式一方面会浪费大量资金，另一方面则会拖累发达地区养老保障建设的步伐。在我国发达地区，农村养老保障建设可以先行，根据自己的实际情况建设养老保障制度。而相对落后的地区则可以根据自己的情况，着重推进农村经济的发展速度，逐渐摆脱低效率农业发展的束缚，推进地区工业化的步伐，同时在这个基础上还要注重建设相匹配的各项制度，形成制度惯性，逐渐推进农村社会保障的发展。总之，对于不同经济发展程度的农村地区可以采取不同的发展方式，推进经济发展和农村社会保障的共同发展。

三、做好失地农民养老保障工作

失地农民，一方面失去了作为农民安身立命之本的土地，另一方面则是因为知识、技能等方面的原因而缺乏在城市就业的根本，生活上陷入困境。据相关新闻和调查数据显示，大部分农民因为失去土地以后收入下降，生活水准下降，情绪变得低落和忧虑，对于未来的生活开始迷茫。随着我国工业化和城镇化进度的推进，失地农民逐渐呈刚性趋势增长。

① 数据来源于国家统计局网站.

失地农民最先出现在一些发达地区。发达地区在这方面有所经验。我国东部沿海地区的一些省份，如浙江、山东、安徽等都开始在探索失地农民的养老保障制度。各个地区相继针对失地农民颁布了基本保障性的养老保险办法。尽管各个地区的实施方法有所差异，但是总体上方向还是一致的，如在出资方式、各方责任等原则上，都是相同的。参保的失地农民实行个人账户制的方式，将缴费力度和养老保障待遇水平相挂钩，逐渐和城镇养老保障体系实现对接与挂钩。这些地区政策的出台和实施，对于保障失地农民的基本生活来说起到了十分积极的作用。但是在全国来看，失地农民正在成为和农民工群体一样的新型介于城市和乡村之间的特殊群体。开展对其利益的探索与保护，我国还有很长的一段路要走。

目前，我国失地农民的养老保障建设还在探索过程之中，各个方面还存在问题，值得关注和解决。本书仅就作者观察到的一些问题做出相关说明。

第一，失地农民的养老保障程度较低，对于其城镇生活来说具有明显不足。从当前一些发达地区的失地农民养老保障制度建设来看，这些地区的保障水平仍是相对偏低。以经济发展较快的浙江省为例，据其公布的统计资料显示，浙江省开展失地农民养老保险制度建设的 10 个地级市有 6 个地级市的农民养老金给付水平定在 220 元。以浙江省湖州市为例，一位 45 岁时被征地的农民，如果其土地不被征用，依据湖州 2001 年农民人均土地经营月收入 85 元进行及土地经营产值指数 12%计算，未来 15 年，该农民每月可获得土地经营平均纯收入额为 515 元。土地被征用以后，该农民无法获得土地经营收入，成为典型的失地农民，其获得的收入为 220 元。这就形成了 295 元的收入差距。对于农民来说，295 元即为收入损失。而且，如果湖州市未来几年不进行保障调整的话，那么农民的 220 元还会面临贬值损失。政府虽然宣称按照物价和通胀指数进行适当调整，但是其工作效率较低，对于农民来说还是要付出一部分损失。

第二，保险费的缴纳缺乏一定的精算基础，保险费用过高。在我国许多发达地区，养老保险的测算都普遍采用静态的简单算法。通常来说，其计算公式是：缴费总额＝缴费标准×12个月×缴费年限。这种算法本身就存在一定问题，内含着不公平。农民缴费以后其总体规模会产生巨额的利息，利息也会产生复利，应该将其计算在内。否则对于农民来说，则是其账户损失。再来说其缴费标准与缴费年限。缴费标准是根据城镇最低生活保障金的标准来制定的，是一个变动的数值，而非固定的。因此这个数值，应该内含一定的算法，而非简单制定。缴费年限是根据当地人的平均寿命减去退休年龄计算得来的，相对于人口发展状况来说，这个公式显然过于简单，没有考虑生存率与死亡率。总体上看这个公式内含着不公，而且不具备科学性与合理性。一个缺乏保险精算的养老保障制度，和银行的储蓄制度没有太大差别，对于农民来说，显然其吸引力并不大。

第三，各地区制度设计的激励机制不强，农民的参保热情不高。从现行制度设计来看，制度上没有体现出年龄的差别化原则，无论谁缴费，其享受标准都是相同的。59岁接近退休年龄的老人和16岁的年轻人都要交一样的钱，享受一样的待遇。这种规定对于年轻人来说显然是不公的，打击了他们参保的积极性。对于年轻人来说，他们自然不愿意在年龄还小的时候参保，等他们50岁参保也来得及，而且还能及时享受到相应待遇。因此，年龄越大的农民参保的积极性也就越高。这样，整个制度就呈现出一种逆向选择的态势。年轻人不参保，老年人大量参保，对于制度来说肯定会存在一定的威胁，首当其冲的就是经济方面。

第四，针对政府资金不能到账的情况缺乏风险准备金制度。从失地农民养老保障制度的现状来看，政府有责任出资一部分帮助农民建设个人养老保障账户。然而，现阶段地方政府大多采取挂账的形式，应给付农民的养老保障资金由现有农民缴纳的部分补充。政府的账务将会像雪球一样越滚越大。因此，政府资金在将来是否能真实到账还是未知数。然而，对于农民来说，资金是否能够真正到账关系到他们的养老金是否能够足额领取。对于政府来说,这部分资金能否到账则关系到财政能否正常运行以及政府的信誉问题。鉴于此,养老准备有必要建设风险准备金制度,能够约束政府的挂账行为,督促政府资金及时到账。

第五,资金的整体管理难度较大,缺乏相应的监督机制。农民的征地问题涉及农业、国土、财政、民政和劳动等多个部门。失地农民的管理过程中也会牵涉到上述相关部门。而且在政策措施出台的过程中,也是政策出台容易,具体实施与执行中相对困难。因此,对于失地农民的养老保障体系与城镇衔接的工作,如何在实践中做好,仍有一些细节值得商议。这就需要多个部门共同做工作,进行探索和管理。因此,协调的过程中容易存在一些问题和困难。另外,在监督方面,各地还存在一些问题。一是各地在人员组织方面力度不足,二是各地的监督制度建设存在一些缺陷。

针对以上几个方面的问题,笔者认为应从以下几个方面着手进行解决。

首先,建立合理的土地利益分配机制,保障失地农民的利益和基本生活。失地农民的基本生活保障来源于土地价值。对于农民来说,除了养老保障经费以外源自于土地的价值是其生活的重要来源。目前来看,土地补偿费用和安置费用过低已经成为一个不争的事实。这也是要建设失地农民养老保障制度的一个重要原因。因此,对于政府来说,要不断改进和完善土地利益的分配机制,充分发挥土地的价值,利用土地保障失地农民的日常生活。

失地农民的养老保障体系建设可以借鉴国外的养老保障模式,逐步建立多层次的养老保障体系。目前来说,我国地方政府只为失地农民提供了基本的老年经济保障。而对于有更高需求的农民来说,则要建立补充保险。上海在这方面走得较远。上海市实行了小城镇社会保险的“24＋X”模式。[①] 农民可以在基本缴

① 叶晓岚.上海小城镇社保模式探索及其启示[J].上海金融学院学报,2007(2):32～35.

费基础之上根据自己的能力自愿缴纳保险费用，提供更高的保障体系。这就为有需要的农民提供了一条有效的途径。作为补充，政府还可以将商业保险引入到失地农民保障体系中作为保障的第二层次，引入社会救济与慈善基金作为失地农民保障的第三层次。我国已经制定了《慈善法》，慈善保障已经有了法律依据。各地应依据《慈善法》的相关规定，鼓励社会捐赠，并可以通过合作的方式为失地农民的社会保障提供相应资金补助。

其次，针对失地农民的需求，建立科学合理的测算机制。科学精算是养老保险制度建立与运作的重要基础。在社会养老保障事业的发展过程中，管理部门需要通过精算的方法对社会养老保障进行计算和评价。定期或者不定期地对社会养老保障进行重新评估。管理部门精算还要注意到各种养老保障制度的风险，研究在这些风险的基础上合理进行债务分摊，为失地农民建立长期稳定的社会养老保障机制。具体来说，在实践中，各地应该根据承诺的给付水平和分年龄阶段的死亡率等因素计算成本与债务水平，使基金的收入与其债务水平相匹配。针对保费的收取，精算者要根据参保者确定不同的缴费基数和缴费比例，体现出缴费的年龄差别，以提高青年人参保的积极性，鼓励他们早参保、多参保。

再次，要建立政府资金到账的监督机制，切实维系整个基金的良好运行。对于有财政能力的地区，相关部门应建立政府资金到账的时间表，保证资金能够及时到位。对于财政有可能的地区，应当督促政府多方筹措资金，通过财政盈余比例提取的方式注入失地农民养老保障基金之中。未及时到账的缴费资金应按照同期银行贷款利率计息，并且进行专项检查，以保障失地农民的资金能够真正落实。资金管理者应切实建立风险准备金制度，成立相应的基金会，将从土地溢价中提取的基金充实到风险准备金之中。风险准备金也可以从其他方面获取，例如地方财政、农村经济组织、城市各个单位的捐赠。

最后，尽快建立和健全管理与监督机制。当前我国发达地区的资金的管理和监督都是以县为单位进行组织，各个县市也在积极探索合理的管理与监督方式。但是对于详细的内容和方式，各个县市还没有明确的规定与措施。然而，对于失地农民来说，这却是非常重要的。因为养老保障资金关系重大，对于他们来说具有重要的意义。一旦他们的养老保障资金出现问题，那么他们的后半生将会陷入生活困难的泥潭之中。因此，从这个角度看，社会养老保障资金的监督与管理出现问题将对社会稳定出现不利影响。因此，各个地区一定要对这个问题高度重视，加大养老保障资金管理与监督的力度。具体来说，可以在以下几个方面采取措施。

第一，尽可能地将资金的使用渠道和办法在制度中明确，增强制度建设的透明度，加大社会监督的力度。

第二，明确监督主体的职能和责任，增强监管的专业性、规范性和权威性。

第三，尽快建立完善的法规制度，使得监管有所凭据，做到依法监管。

除上述几个措施之外，由于涉及失地农民的部门较多，各地政策上要注意加强多个部门的协同监管。具体来说，监督管理要有一个固定的组织能够协同多个部门采取行动。

四、未来发展思路——农村社会养老保障模式的选择

我国农村社会保障体系建设的总体目标是建设一个与社会经济发展水平相适应的、能够保障农民生活的多方面、多层次体制。从养老保障的发展需要来看，我国农村社会保障要建设一个权利与义务相对应、管理与服务社会化、持续可靠的老人保障体制。郑功成指出，我国农村社会养老保障应该与城市养老保障逐渐接轨，建立一个包括自我保障、政府保障和社会保障的多层次体系，在责任上要划分为自我责任、政府责任、企业责任和社会其他单位责任。我国农村的发展极不平衡，各个社会群体都有自己

不同程度的权益主张，单一的社会保障体系很难照顾到农村所有群体的要求。因此，本书认为，建设多层次、多体系的社会保障体系是适应农村社会保障建设的基本要求。同时，农村社会保障应积极考虑农村经济、社会、文化、历史等多个方面因素的共同作用。因此，从我国农村社会的现实和需要来看，我国农村应建立一套包括自我保障、政府保障、集体保障和社会其他单位保障在内的多层次保障体系。

自我保障是第一层次。其主要包括家庭保障、个人保障和现有的土地保障。家庭保障是我国农村社会保障发展的第一环。从我国社会发展的现实来看，以家庭为核心的乡土文化一直都是农村社会的文化主体。成年子女对于自己的父母负有一定的养老责任。在农村社会养老保障过程中，我国要积极发挥家庭保障的作用，鼓励家庭成员之间的互助互济和情感沟通交流。在新时期，我国应对养老家庭予以一定程度的鼓励，对照顾老人的家庭提供一定程度地资助，对子女和老人同住提供方便。个人储蓄保障是将个人在青壮年时期积攒的劳动收入用来养老。它体现了农民养老保障的意识，对于提高老年人的生活质量具有十分积极的意义。国家一方面应加强对农民养老储蓄意识的教育，另一方面则应为农民进行养老储蓄提供一定的政策支持。土地保障是农村养老保障的一个重要但是又开始变得虚化的方面。一方面，在土地不断被征用的现实条件下，农民的土地越来越少。另一方面，土地不减少的农民经营土地收入在市场环境之下收入不断减少。农村要发挥养老保障的作用关键是要提升土地的价值，根据自身的实际情况，增加土地收入。

政府保障是第二层次。我国正在努力构建国民养老保障和政府老年社会救助制度。随着我国经济社会的发展和城市化进程的不断提高。政府作为直接责任主体有责任有义务向农民提供必要的社会保障。政府保障的出发点是要建立普惠制的国民养老保障，而且要随着社会经济的发展需要不断提高保障水平。政府保障还包括老年弱势群体的社会救助体系，筑起社会养老保障的最后一道墙，保障陷入生活困境老人的基本生活。

集体保障是第三层次。在有条件的情况下，集体要为农民提供一定的资金，以保障他们的基本生活。集体保障的体现主要在于集体为农民缴纳一定的养老保障资金。在我国农村养老保障体系之中，不同的群体需求具有一定的差别性。一部分参与集体的农民自身收入较高，对于集体的依赖程度不大。而另一部分农民则收入较低，他们对于集体依赖较大。针对这种情况，集体保障要妥善利用资金，在体现效益与公平原则的基础之上，不断提升农民的保障水平。

最后是社会其他单位的保障。这一保障包括两个方面。一方面是社会商业单位。他们有提供人寿保险的能力。针对这一情况，我国要充分发挥商业保险在农村社会保障中的作用。另一方面是社会慈善救助。在我国《慈善法》的作用下，社会慈善事业将会积极发展，成为社会保障的一个重要方面。针对于此，我国要积极引导，发挥他们的作用。

第三章　农村医疗保障制度的建构与完善

当前"看病难"已经成为普通群众所公认的一个问题,尤其是对于基础设施不健全的农村地区来说,就更是如此。我国农村人口在全国总人口中仍占据着庞大的比重,因此,尽快建立起完善的新型农村医疗保障制度,解决农民"看病难"的问题是极为有必要的。这不仅可以提高农村人民的身体素质,更有助于实现整个社会的长治久安,为我国经济的发展提供一个良好的环境。

第一节　农村医疗保障制度概述

近年来,随着我国经济的不断发展,虽然农民的生活水平有了一定的提高,生活环境有可一定的改善,但是从整体上看,农村医疗保障事业却长期处于落后的状态,大部分农民的生、老、病、死都是由个人或是家庭来承担。据统计,我国农村因病致贫、因病返贫的居民占贫困人口的三分之二,可见农村医疗问题已经直接影响到了农民生活水平的提高和农村经济社会的发展。

一、农村医疗保障制度的含义

农村医疗保障体系,是指国家和社会针对农村的实际情况,依法制定的有关疾病预防、治疗等保护农民生命和权利不受侵犯的各项政策与制度的总和。从形式上看,其主要是由农村合作医疗制度、医疗救助制度、家庭保障、商业保险等组成;从内容上看,其包括医疗设施、医保资金、医护人才、妇幼保健、疫病控制、卫生监督、健康教育等方面。

我国农村医疗保障制度中最主要的一项内容是合作医疗。从理论上来说,合作医疗制度主要是依靠社区居民的力量,按照“风险分担,互助共济”的原则,在社区范围内多方面筹集资金,用来支付参保人及其家庭的医疗、预防、保健等服务费用的一项综合性医疗保健措施。从1959年起到20世纪80年代,合作医疗制度成为我国一项最主要的医疗保障制度,其覆盖率达到了全国行政村(生产大队)的90%①,被世界银行和世界卫生组织誉为“发展中国家解决卫生经费的唯一范例”。

除去医疗合作制度外,我国还有几种其他形式的医疗保障制度,但是其在农村医疗保障中并没有发挥出其应有的作用,主要表现在以下几个方面。

(1)从当前我国对医疗保险制度的改革来看,其主要的保障对象是城镇企业的职工和国家行政事业单位的工作人员,而占中国人口中绝大多数的农村人口却没有在这项制度的保障范围之内。

(2)农村中所制定的社会救助,其主要针对的是农村中那些无依无靠、无生活来源、无法定赡养人(扶养人)的“三无”人员,对其实行的保吃、保穿、保住、保医、保葬(幼儿保教)的“五保”供养制度,其所针对的是农村中这些特殊群体的医疗保障,因此,其保障范围非常有限。

(3)农村中所推行的商业医疗保险,具有营利性质,并且是农民自愿参加的,通常投保费较高,因此收入较低的农民通常都不会参加此项商业保险。

从上述问题中我们可以看出,在农村中所实行的多种医疗

---

① 百度百科:农村合作医疗制度[EB\OL]. http://baike.baidu.com/link? url=3L_dPedcSdgi084lLjyw8YnOy446YR4JyPcOB1L_cNn4l6H3ozClDGAkk3ZjZ8lu

保障制度中，合作医疗是其中最主要也是最重要的一种形式，有的人甚至将农村的医疗保障制度直接就看作是合作医疗保健制度。

二、农村医疗保障制度建立的意义

（一）有利于解决农民“看病难”的问题，减轻农民的负担

我国城乡居民生活差距较大，农民收入水平普遍较低。对于患病家庭而言，疾病本身就是一个沉重的负担，再加上昂贵的医疗费用，这对本不富裕的家庭来说更是一次沉重的打击。因此，在农村流传着“救护车一响，一头牲畜白养；住上一次院，一年农活白干；致富十年功，大病一日穷”的俗语。而随着农村医疗保障制度的建立和不断完善，通过社会化的保障形式来减轻农民的医疗负担，可以从一定程度上缓解农民因病致贫的现象。

（二）有利于实现医疗卫生资源的公平配置

我国长期存在着城乡二元经济社会结构，这使得城乡居民的收入、卫生资源配置及社会保障水平等各方面都存在着很大的差距。在城镇职工已经享有劳保医疗、公费医疗和基本医疗保险保障的前提下，很多农村地区却还没有建立起全面规范的医疗保障制度，全国的医疗、卫生资源都倾向于向城市地区倾斜。在这种情况下，只有建立和完善农民医疗保障制度，加大对农村医疗保障事业的支持，才能扭转卫生资源分配不合理的局面，从而减小城乡之间资源配置的差距，实现医疗卫生资源的公平配置。

（三）有利于促进农村经济发展，维护社会稳定

“身体是革命的本钱”，只有农民有着强健的体魄，健康的身体状况，才能在付出努力的情况下不断提高自身的生活水平，为农村经济的发展做出贡献。随着我国经济的不断发展，虽然农民

的收入以及生活水平都有了一定的提高，但是医疗费用的增幅却大大超出了农民收入的增幅。在这种情况下，农民收入低，依靠个人或家庭承担医疗费用所导致的“看病难”问题就更加凸显出来了。

农村医疗保障可以通过对收入的转移和资金的积累，从而为那些患有疾病的农民在资金上提供一定的帮助，减少了农民的财务风险，保障了农民正常的生产生活。这在一定程度上可以减少农村家庭因治病而返贫情况的出现，为农村经济的发展和实现社会问题起到了积极作用。

三、我国农村医疗保障制度中存在的问题

（一）保障水平低

2013年卫生部组织的第五次国家卫生服务调查结果显示，虽然政府已经在进行农村医疗保障改革，但是总体上看仍有约26％左右的农民认为看病贵[①]。看病难的现象还存在。除此之外，新农村医疗合作制度的覆盖程度虽然在大幅度提高，但是总体上农村的保障水平仍旧低于城镇，各地区的发展水平也参差不齐。

（二）医疗卫生资源配置不合理

我国农村医疗卫生资源配置不合理主要表现在以下几个方面。

1.各级医疗机构的资源配置不合理

我国的财政在进行分级管理之后，使得投入到农村卫生院的费用减少，卫生行政部门对农村卫生机构也没有进行有效的调控和监管，这就在很大程度上削弱了农村三级医疗卫生保健网的功

① 徐玲，孟群.第五次国家卫生服务调查结果之一——居民满意度[J].中国卫生信息管理杂志，2014，4(2)：104～105.

能，从而导致网点业务的不足。这种情况最终导致了乡镇卫生院人员机构的重叠，人员臃肿及技术力量薄弱的问题比较严重。

2. 城乡之间医疗卫生资源配置不合理

由于城乡之间经济和地域之间的差距，使得农村人口占有的卫生资源要远远低于全国平均水平。虽然农村人口占据了全国人口的绝大部分，但是其可占用的卫生资源却不到全部资源的20%。除此之外，发达地区的农村与欠发达地区的农村之间存在的差距也很大。由于财税体制的改革、机构臃肿、人员膨胀，使得广大中西部地区和欠发达地区的财政只能是"吃饭财政"或"借钱吃饭财政"；而经济较为发达和财政略为盈余的地方，则又变成了"建设财政"和"政绩财政"。

3. 村级医疗点的分布不合理

由于我国农村地区分布广泛，再加上地域经济和交通等方面的差距，使得农村地区的医疗服务出现了很多的死角和盲点，导致村级医疗点的不合理分布。

（三）保障资金不足

农村医疗保障资金的筹集对农村医疗保障制度的可持续发展具有决定性的作用。在很长时间以来，中央财政对农村医疗卫生和保障的投入持续不足，使得农村的合作医疗只能是采取农民个人和集体缴费的方式，对农民造成了很大的负担。随着农村税费的改革，造成地方财政紧张，很多农村地区的集体经济所剩无几，对农村卫生机构的补贴减少。与此同时，农民个人的筹资也出现了困难。由于消费支出的不断增长，而农村个人的收入却增长缓慢，使得农民的储蓄变少，很多农民的收入只能够维持家庭生活的基本开支，根本就没有多余的存款来缴纳医疗保障资金。因此，农村所推行的社会保障就缺乏稳定的资金来源，使得医疗保障项目难以进行落实，农村医疗保障工作缺乏必要的稳定性和持续性。

四、解决农村医疗保障制度中存在问题的措施

（一）大力引导农民参加医疗保障

虽然农村社会保障实行的是自愿的原则，不具有法律上的强制力，但是也不能对农村医疗保障职业的发展放任自流。农村医疗保障的发展在很大程度上取决于群众对其支持的力度，而这又与日常开展的宣传教育工作的深度与广度之间有着密切的关系。当前，很多地区的农民对农村医疗保障的认识还不够，认为该项制度增加了他们的负担，这种认识是极为错误的。为了减少农民对农村医疗保障认识的误区，有必要在农村地区进行大力的宣传工作，做好动员工作，提高农民的思想觉悟，积极引导农民参加农村医疗保障。

（二）实现农村医疗保障形式的多样化

我国各地的经济发展长期处于不平衡的状态，这也就造成了发达地区与欠发达地区贫困地区农民之间的收入差距也很大，人们的视野和思想认识等方面也存在着不小的差异，这就使得在全国范围内统一推行医疗保障制度变得不现实，各地应该从自身的实际情况出发，在“调整、进城、救助”的基本思路下，不断地探索适合农村特点的多形式、多层次的医疗保障制度，因地制宜建立起多层次的医疗服务体系，使多种医疗保障模式互为补充。

根据我国的地区收入状况，我国各个地区可以划分为高收入、中收入和低收入地区。对于高收入地区，可以发展社会医疗保险和商业医疗保险，探索城乡医疗保障一体化的模式。对于中等收入地区，我国可以大力发展新型农村合作医疗保障模式。对于贫困地区，我国要加大转移支付的力度，为农民提供廉价且有效的医疗服务。

（三）加强对医疗保障制度的管理和监督

各地政府可以根据本地的实际情况制定与之相应地农村医疗保障管理办法。根据管理办法加强对资金筹集和报销比例的管理与监督，以及相应地财务政策。此外，还要加强对医药服务行业的监督管理，建立药品价格的公开栏，实现药品价格透明化。对于医疗体系的腐败现象，要进行严格监督，防止任何情况下的医疗系统腐败现象。对于医疗设备和条件都相对落后的地区，政府应进行适当关注，不断改善其落后的医疗条件，增加经费，提供人员，做相应的技术培训和支持，将制定的政策落实。

（四）建设以大病统筹为主的新型农村合作医疗制度

我国农村的实际发展状况决定我国建立农村地区普惠医疗制度的条件尚不具备。当前我国农村医疗的重点是推动农村地区医疗体系建设，降低农民因病致贫和因病返贫的几率。我国农村地区应积极加强社会大病医疗保障制度的建设，将其作为重点，逐渐以大病为中心，向中低花费的疾病拓展，从而不断推动农村医疗保障制度的建设，壮大农村医疗卫生事业。

（五）不断完善与农村医疗保障的相关的法律、法规

当前，我国农村医疗保障制度正在走法制化与体系化的道路。国家逐渐为农村医疗制定了日益严格的法律规范，以指导农村医疗保障制度的改革与建设。从农村医疗的需求与供给现状来看，我国应加强农村合作医疗法的建设，不断增强投保人、投保单位和承保单位的责任感，依法保护其权益不受损害，同时还可以起到加强农村医疗卫生部门运行监督的目的。针对不同地区的农村合作医疗制度建设来说，我国应根据其具体情况在农村合作医疗法的基础上，采取与其结合的体系化措施，以推动其发展。

总之，我国农村医疗体系正在发现问题与解决问题的道路上不断前进。在以后的发展阶段中，我国要建设与农村、农民、农业实际相适应地医疗体系，以推动农村经济的发展。

第二节 我国农村医疗保障制度发展的曲折历程

在新中国成立以后，我国社会性质发生了显著的变化。农村的社会组织形式发生了根本性的变化。随着党和政府对社会主义本质的认识和发展，我国农村的工作战略和重点都在不断调整，农村社会的经济也发生了十分显著的变化。与之相适应的是，我国农村医疗保障模式也不断发展。历史地看，我国农村医疗保障制度可以划分为三个阶段，分别是20世纪50年代至70年代末、20世纪80年代至20世纪结束和21世纪。在这三个不同的阶段，我国农村医疗保障都呈现出不同的特点。20世纪50年代至70年代这个阶段我国农村医疗以传统合作医疗为主要发展形式，对我国农村的发展发挥着重要的基础性保障作用，源自于我国农民自己的智慧。20世纪80年代至20世纪结束，我国农村医疗保障呈现出一种调整状态，主要随着我国农村土地改革进行不断发展。在21世纪，我国农村合作医疗呈现出新的发展状态，这个状态下农村医疗逐渐发展成为新型农村合作医疗制度。

一、我国传统农村合作医疗发展的历史过程

我国传统农村合作医疗保障制度发展的历史过程，从整体上看可以将其分为传统合作医疗的滥觞、发展、高潮和衰落四个阶段。我们可以从这四个方面，对传统农村合作医疗的发展有更为清楚的了解。

（一）传统合作医疗的滥觞

合作医疗制度始于根据地时期。解放区居民在抗日战争的艰苦环境下，响应毛泽东同志“自己动手，丰衣足食”的号召，组织起了各种形式的合作机构，其中就有医疗合作机构。

新中国成立之初，我国农业合作在政治环境的驱动之下进入到高潮。全国各地相继出现了与农业合作相适应地保健站和医疗站。在1956年，全国人大通过了《高级农业生产合作社示范章程》，对高级农业合作社做出了详细的规定[①]。在医疗方面的，合作社应负责对于因公负伤和因公致病社员的医疗，并且酌量给予劳动日作为补助。该项章程首次赋予了集体的医疗职责。

当时的基本做法是：

(1)乡政府领导高级农业合作社、农民群众和医生开展医疗合作制度的建设。

(2)组织群众自愿参加医疗合作制度。参加的农民需要缴纳一定的保健费，就可以享受保健预防服务。

(3)保健站的医生可以根据实际情况开展巡回医疗，分片负责所属地区的村民医疗工作。

(4)保健站的经费来源主要是农民的保健费、合作社提取的公益基金和业务收入(药品利润)。

(5)合作社一般采取工分和现金相结合的方式解决医生的报酬问题。

(二)传统合作医疗的发展

卫生部通过实践调查，制作了《关于全国农村卫生工作山西稷山现场会议情况的报告》及附件《关于人民公社卫生工作几个问题的意见》。在这两个文件中，卫生部肯定了合作社保健医疗制度，并且提出了具体的改进建议。在现场讨论中，与会代表认可了人民公社医疗发展的两种方式，认为合作社医疗制度的发展与社员的认可程度和人民公社的经济发展状况相关。各个地区要根据自身的实际情况，确定医疗缴费的制度与模式。这种制度的推行对于开展卫生预防，保证社员有病及时治疗十分有利。

---

① 高级农业生产合作社示范章程[EB\OL]. 中国人大网：http://www.npc.gov.cn/wxzl/wxzl/2000—12/10/content_4304.htm

1960年,中共中央转发了相关文件,要求各个地区根据自己的实际情况参照执行。中共中央的这一要求对于农村合作医疗制度的发展无疑是一种重要推动。

在1965年,毛泽东同志做出了关于医疗卫生工作的重要指示,要求把医疗卫生工作的重点放在农村。中共中央根据毛泽东同志的这一指示,批转了《关于把卫生工作重点放到农村的报告》,要求要继续推进农村基层的卫生保健工作。这又一次推动了农村合作医疗的发展。在1968年,毛泽东同志又亲自批发了湖北省长阳县乐园人民公社举办合作医疗的经验。这一举措再一次推动了合作医疗在全国的发展。

(三)传统合作医疗的高潮

在1976年,全国超过90%的大队都建立了合作医疗机构。集体是农村地区生产资料的所有者。医疗卫生机构作为集体财产的一部分,都为集体所建,虽然他们的所属单位不同,但是绝大多数的医疗经费都是来自于集体。农民在村卫生室看病有的采取减免诊费,有的采取减免药费,也有的两者都进行减免。在一部分经济条件较好的地方,在公社和乡里看病的村民也可以在集体报销。

在1978年3月,全国人大通过了《中华人民共和国宪法》,农村医疗保障事业的发展又得到了一层法律保障。宪法规定,国家有义务逐步发展社会保险和医疗,保证劳动者在劳动的过程中能够享受到医疗方面的权利。

在各方面因素的积极推动之下,传统合作医疗制度在这个时期发展到一个新的阶段。在20世纪70年代末,全国共有"赤脚医生"4777469人,卫生员1666107人。合作医疗的覆盖率超过了90%,全国大部分的农民都能够享受到基本医疗保健。合作医疗制度的建设基本上已经能够做到"哪里有人,哪里就有医有药"、"小病不出村、大病不出乡"。合作医疗制度的发展已经建立起了数量巨大的农村保健站和"赤脚医生",两者一起集中解决了农村缺医少药的问题。这些因素使得我国在当时成为世界上拥有最全面医疗保障体系的国家之一。甚至世界卫生组织也对中国农村医疗卫生事业的发展给予了极高的评价，并且积极向世界上其他国家推广中国农村医疗卫生事业发展的成功经验。

（四）传统合作医疗的衰落

在 20 世纪 80 年代，我国开始了对农村经济体制的改革。农村地区的经济结构发生了翻天覆地的变化。合作医疗制度逐渐失去了生产关系和生产力的基础。合作医疗制度逐渐从原有的集体福利逐渐发展到自愿性社区医疗筹资制度。卫生部在 1979 年底发布文件指出，农村合作医疗制度的发展遵循“自愿互助”原则。20 世纪 80 年代，我国政府对合作医疗的发展采取了放任自流的态度。在 1979 年，我国中央政府几乎没有出台任何指导农村合作医疗随着社会经济转型发展的官方文件。在农村集体经济解体的大环境下，农村合作医疗制度也开始逐渐崩溃。原有的保健站和“赤脚医生”群体在数量上逐渐减少，执行合作医疗的行政村也由过去的 90%迅速下降到 5%。根据世界银行公布的报告，在 20 世纪 80 年代末，中国农村约有 90%的农村人口要自己看病全额买单。

20 世纪中国农村合作医疗的发展趋势如图 3-1 所示。

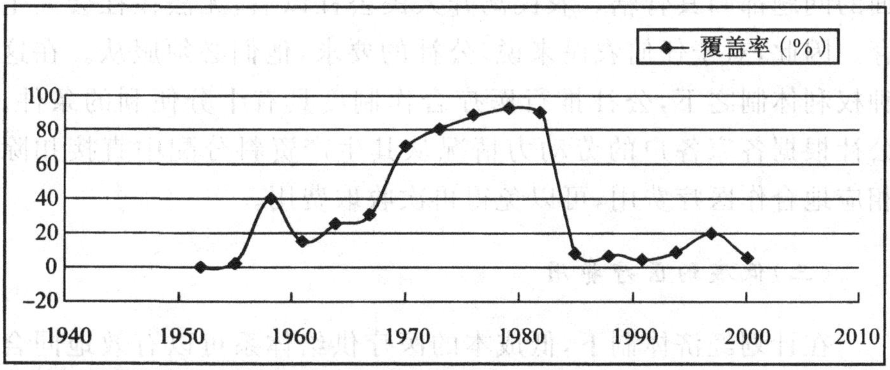

图 3-1　农村合作医疗的发展趋势

资料来源：王延中. 试论国家在农村医疗卫生保障中的作用. 战略与管理，2001 年第 3 期。

二、传统合作医疗获得成功的经验

（一）农村集体所有的产权制度

中国在合作社时期，医疗卫生建设是作为一项集体财产在农村地区投资发展。合作社和大队是农村医疗经费的保障者和提供者。在该时期，“赤脚医生”是作为半公职人员存在于农村的。集体为其提供薪酬和工分保障。而且当时一切资源的所有者都是集体。集体可以进行资源的大规模分配，要求社员遵照集体的要求进行。集体还有权利根据自身的需要向国家申请相关方面的资源。国家也会根据集体的要求向乡村医生提供一些免费的培训。这些都有利于传统医疗制度的开展。因此，对于传统医疗制度来说，集体是其发展的根本。失去了集体，传统医疗制度推行起来非常困难。

（二）具有强制性的集体福利

农村基层组织实行了全民控制，这就有利于消除逆向选择的问题。人民公社在农村具有绝对的权利，一切政治、经济、文化方面的问题都归其管辖。农民离开人民公社以后，无法在社会上生存。因此，对于任何农民来说，公社的要求，他们必须服从。在这种权利体制之下，公社推行医疗合作制度具有十分便利的条件。公社根据各家各户的劳动力情况从其生产资料分配中直接扣除相应地合作医疗费用，可以免得再次收取费用。

（三）低廉的医疗费用

在计划经济体制下，低成本的医疗供给体系可以有效地同合作医疗整合，主要表现在两个方面：其一，政府享有医疗服务和药品资源配置的权力，并实施低价供给策略；其二，在该种经济制度下，困扰医疗制度发展的过度消费问题是不存在的。参与合作医疗体系的各类人员都没有施行高价医疗的条件。因为他们的收入都来自于集体或者国家，高收费对于他们来说没有任何利益。这种制度变相地还会降低医疗服务的成本。

对于医疗器械和药品的价格，国家施行计划供应，从生产到消费的各个环节都由国家和集体掌控。因此，各种器械和药品也会维持在一个较低的价格水平上。对于赤脚医生和各级医疗服务者来说，高昂的药品与廉价针灸和中草药来说其本质上是一样的。在乡土人情的影响下，他们首先考虑的问题是如何为村民看好病。因此，他们在医疗方针上采取预防为主的原则，预防保健、妇幼保健在内的公共卫生运动通过合作医疗这个载体得到了有效地执行，从而提高了人们的健康水平，降低了发病率。

（四）医疗卫生资源分配倾向农村

20 世纪六七十年代，在毛泽东同志的号召下，医疗资源主要向我国广大的农村倾斜。我国医疗卫生资源在各个方面都向农村地区倾斜，以医疗卫生机构的病床为例，1975 年全国共有病床 159.82 万张，县级卫生机构的病床数就占到了 60.1%，为 96.08 万张。这一数字说明基层医疗单位占据了医疗资源中的很大比例。

（五）以基本医疗和预防保健服务作为保障目标

政府非常重视医疗卫生事业，持续向医疗卫生事业进行投资，针对农民的常见病和多发病，积极采取预防措施，通过接种和提高农村卫生条件的方式逐渐消灭农村疾病的发生条件，变相提高了农村的医疗条件。

（六）“救死扶伤”的价值取向

对于传统的农村合作医疗来说，其价值取向主要是提高全体农民的健康水平。但是合作医疗的服务总原则是“救死扶伤”，因为在集体经济的保障下，医疗机构不需要考虑经济上的得失。

第三节　新型农村合作医疗制度框架及发展现状

2002年，中央根据农村的卫生条件，决定要建立以大病统筹为主的新型农村合作医疗制度。在2010年，这类新型农村合作医疗制度开始在全国范围内落实。中央财政、地方财政和农民合作出资保障新型农村合作医疗制度的开展。农民能够在这种体系下提高自身抵御大病的能力。

一、新型农村合作医疗制度的含义

新型农村合作医疗制度是由政府组织、引导、支持，农民自愿参加，个人、集体和政府多方筹资，以大病统筹为主的农民医疗互助共济制度。新型农村合作医疗制度的特点主要表现在以下几方面。

(1)多方出资，即由国家、个人和集体出资。

(2)政府必须履行职责，包括出资、组织、引导、规范与监督服务。

(3)以大病统筹为主，兼顾受益面，建立与各地经济水平和群众心理承受能力相适应的保障制度。

(4)是一种社区互助性质的医疗保障形式，所以必须坚持以自愿为原则，不能强迫命令。

(5)新型农村合作医疗与过去实施的合作医疗相比，它的“新”主要体现在以大病统筹为主、全县统筹、各级政府财政支付和设立专门机构管理等方面。

传统合作医疗与新型合作医疗之间的异同点，如表3-1所示。

表3-1　传统合作医疗与新型农村合作医疗异同点比较

项目	传统合作医疗	新型农村合作医疗
目的	重点解决农民小病小伤	重点解决农民的因病致贫、返贫问题

续表

项目		传统合作医疗	新型农村合作医疗
目标			到2010年，新型农村合作医疗制度要基本覆盖农村居民
管理体制		对县及县以上管理组织的设置没有明确要求； 乡级管理者与服务提供者多位一体	省、地级人民政府成立相关部门组成的新型农村合作医疗协调小组； 县级人民政府成立有关部门和农民代表参加的新型农村合作医疗管理委员会，下设经办机构（一般设于卫生行政部门内），其人员和工作经费列入同级财政预算； 乡（镇）可设立派出机构（人员）或委托有关机构管理
筹资	性质		新型农村合作医疗基金是民办公助社会性资金
	原则	以个人投入为主，集体扶持；政府应当支持	个人缴费、集体扶持和政府资助相结合
	数额	以农民个人筹资为主，集体经济适当扶持，政府财政很少支付	农民个人交纳数额年人均不低于10元，地方各级财政资助总额年人均10元，中央财政（对中西部地区）年人均10元
	政策界线	政府各部门政策不协调，部分地方将农民参加合作医疗所缴费用视为增加农民负担	农民为参加新型农村合作医疗、抵御疾病风险而履行的缴费义务不能视为增加农民负担
	管理制度	以收定支，收支平衡。略有节余，专款专用	按照以收定支、收支平衡和公开、公平、公正原则进行管理，在银行专户存储，封闭运行
举办层次		多为村办乡管或乡办乡管	以县（市）为单位进行统筹
补偿模式		没有硬性规定	主要补助大额医疗费用或住院医疗费用； 有条件的地方，可实行大额医疗费用补助与小额医疗费用补助相结合的办法； 对年内没有享受补偿者，安排一次常规性体检

续表

项目	传统合作医疗	新型农村合作医疗
监督体制	要加强合作医疗的科学管理、民主监督，使农民真正受益	强调农民的参与、知情和监督权； 县级新型农村合作医疗委员会定期向监督委员会和同级人大报告工作； 审计部门定期对基金收支和管理进行审计

二、城乡统筹，分类推进新型农村合作医疗体制

我国农村地区广大，区域经济发展不平衡，这就不利于在农村地区实行统一的农村社会保障制度。再加上各地农民对社会保障的具体要求也各不相同，因此在推行合作医疗体制时，要从农村的实际情况出发，因地制宜，不能实行“一刀切”的政策。因此在推行新型农村合作医疗时，应该按发达地区、较发达地区、欠发达地区发展的不同情况，分阶段实施。

（一）发达地区可实行城乡医疗保险统筹

在我国东部沿海地区的农村与城市市郊等与农民生活水平较高的富裕地区，推进全面的农村保障体系已经具备条件，应采取相应措施全面建立农村社会保障的各项制度和服务，医疗保障进一步向城乡地区发展。农民的健康保障体制可以逐渐向城镇过渡。

发达地区的乡村劳动力已经出现了很大程度的分化，出现了大规模的职业农民和其他职业村民，为农村医疗保障制度的探索与建设提供了很大程度地方便措施。这些发达地区可以通过深化改革的合作模式，引入契约经济的保险意识和运行机制，转变过去单纯的“受益观念”，不断提高社会保障的程度。

（二）较发达地区可实行以大病统筹为主的合作医疗

在广大经济发展中等水平地区，居民和政府都有一定的筹资

能力，但承受能力有限，乡镇企业和第三产业处于发展初期，城镇化尚未形成。这些地区的个人筹资水平占人均收入的1%～2%为宜，有条件的应吸收乡镇企业职工参加。在具有一定筹资能力，并积累一定管理经验的地区，可举办县、乡、村联办或县大病统筹医疗，提高抗风险能力。此外，在政策上要鼓励各地根据当地实际不断完善和发展农村医疗保障制度，探索新的模式，如单一大病统筹医疗、乡镇企业统筹医疗、家庭账户与统筹结合、医疗救助、村民自治组织方式等。

（三）欠发达地区应以医疗救助为主

在经济欠发达地区，由于居民和政府的筹资和承受能力有限，尤其是贫困地区的居民和政府筹资能力极低，应选择建立以医疗救助为主的制度，并由中央和省级财政通过转移支付解决医疗救助资金的短缺。合作医疗只在具备一定筹资能力、且政府和群众积极性较高的地区举办。个人筹资一般不宜超过人均年收入的1%，医疗救助应覆盖所有农村贫困线以下的人口。

当前，我国实施的扶贫计划，侧重于经济上的扶贫。从医疗制度的建设来说，经济上的扶贫应和卫生扶贫相结合起来。通过政府的支持，逐渐解决贫困地区的卫生设施“缺医少药”的现象。国家可以在自身的扶贫款项中划拨出来一部分支援农村医疗卫生事业的发展。对于区域内的贫困人口，我国要实施医疗救助计划。医疗救助计划是实现医疗保障制度的一个重要组成部分。通过医疗救助，贫困地区的人口能够摆脱医疗费用的障碍，带动整个地区其他方面的发展，逐渐实现农民健康状况与农村经济的双重发展，真正实现贫困地区人口脱贫。因此，从扶贫计划的角度来看，经济扶贫与医疗卫生扶贫的结合最能够带动贫困地区的发展，降低因病返贫和因病致贫率。

三、新型农村合作医疗制度建设取得的成绩

(一)新型农村合作医疗制度的管理和运行机制开始形成

新型合作医疗制度自实施以来,逐渐形成一套优于以往合作医疗的管理和运行机制。实行新型农村合作医疗的地区普遍在市、县、乡(镇)三级政府成立了相应的职能部门。在市级成立由卫生、财政、劳动保障、民政、审计等多个部门组成的新型农村合作医疗制度协调小组,负责统筹规划、政策制定、指导实施和监督检查等工作。各区县政府成立由有关部门和农民代表组成的新型农村合作医疗管理委员会,负责组织、协调、管理和指导新型农村合作医疗工作。乡镇政府有专人管理新型农村合作医疗工作,责任明确,按照区县政府的统一要求做好实施工作。市、区县卫生行政管理部门设立新型农村合作医疗管理机构,负责承办具体工作。各区县设立新型农村合作医疗管理中心,具体负责农民大病医疗统筹工作的资金筹集、报销支付及管理。

(二)农民医药费用有所减轻,就医状况有所改善

参加新型农村合作医疗制度,从最低标准看,一年交10元钱,如果一旦得病,最高补偿可达到2～3千元,是个人缴费的2～3百倍,即使是10年患一次病,对农民来说也较合算。如果仍有较大困难,还可以申请医疗救助。这就在一定程度上减轻了农村的医疗费用,使农民像城镇居民一样也享受到医疗保障。从全国实施农村新型合作医疗的总体情况来看,截止到2008年底,全国已有8.15亿农民参加农村合作医疗,参合率达到91.5%,全国累计补偿基金支出1253亿,有1.1亿人次享受到补偿[①]。农民已

---

① 8.15亿农民参加新型农村合作医疗 参合率91.5%[EB\OL].新浪网:http://finance.sina.com.cn/g/20090422/16416136155.shtml

亲身体会到新型合作医疗的好处，参保热情极高。得到实惠的农民以亲身说教，对新型合作医疗制度作了积极的宣传。

（三）农村医疗机构条件得到改善，增强了医护人员队伍建设

“卫生基础设施不完善、医疗设备落后、卫生人员素质低”，是农村基层卫生院目前存在的三大问题。新型农村合作医疗制度将对农村卫生院的积极作用主要表现在三个方面：一是提高了医疗业务收入；二是提高了医疗服务质量；三是提高了基层卫生院管理水平。这就使基层卫生院摆脱了恶性循环，提高了他们的自身造血功能。

第四节 完善我国新型农村合作医疗制度的政策建议与措施

在国家日益重视“三农”问题，加大对社会主义新农村建设、构建社会主义和谐社会及农村公共服务资金投入的形势下，各级财政应针对本级政府和本地区财力的客观实际，制定政策措施，做好制度设计，逐步建立以保障农民健康为目的、以制度建设为前提，因地制宜地改进和完善新型农村合作医疗制度，在国家、集体和农民个人投入相结合的基础上，加大财政对农村医疗保障服务和基础设施的投入，从制度上建立和完善农村合作医疗资金筹集、保障和供给机制，建成覆盖全国农村所有居民的新型农村合作医疗体系。

一、加大对新型农村合作医疗的宣传，倡导农民自愿加入

新型农村合作医疗是建设和谐社会的一项基本措施，是社会主义新农村建设的重要内容，是一种良好的风险分担、合作互助和社会共济行为，同时也是对我国优良传统的发扬和光大。因

此,在实际工作中,我们既要大力做好新型农村合作医疗的宣传和发动,又要辅之以必要的行政动员,积极引导群众转变思想观念,增加对个人健康方面的投入,积极防病就医,从而使广大农民保持健康的身体素质,使广大农村保持良好的卫生环境。

(一)重视对农村医务人员的培训

对新型农村合作医疗的设计,要充分考虑到本地区经济发展的实际情况,从而可以体现出新型农村合作医疗制度的特点,本着方便群众、简便易行的原则,并对农村基层的医务人员和管理人员进行医疗制度、卫生防疫和医疗技术等专业知识的培训。通过广泛的宣传、教育和专业培训,为新型农村合作医疗制度的实施提供技术支持和组织保证。

(二)加强对基层领导干部的培训

要使基层干部充分认识建立新型农村合作医疗制度的长期性、艰巨性和复杂性,扎扎实实地开展工作。充分利用广播站、电视、村务公开栏、黑板报等宣传媒体,通过发放宣传资料和组织义务宣传队等喜闻乐见的形式,搭建新型农村合作医疗宣传平台,普及新型农村合作医疗知识,使新型农村合作医疗制度家喻户晓、人人皆知。

(三)加强与当地农民的沟通与交流

针对农民群众对新型农村合作医疗制度存在的种种想法和模糊认识,要进行深入细致的讲解,宣传其意义和好处,使广大农民真正认识到新型农村合作医疗制度给自己带来的实惠,从而使农民自觉自愿地参加新型农村合作医疗。

(四)要充分发挥新闻媒体的广播、宣传作用

做好新型农村合作医疗制度及医药卫生知识的教育和普及工作,要在充分调查的基础上,认真收集、整理本地区参保农民在

参加新型农村合作医疗后如何解决“看病难”“看病贵”和因病致贫、因病返贫的实例，通过典型事例的宣传和报道，让农民在事实中澄清疑虑，从而提升新型农村合作医疗制度在农民心目中的地位。

二、提高新型农村合作医疗的筹资水平

前文已述，我国自改革开放以来形成了经济与社会的共同发展，但是在一些不同的区域形成了不同程度地发展。我国经济社会发生了差异化的变革。一些地区的发展程度已经能够赶上发达国家，而另外一些地区则仍处于较为贫困的状态。在这种环境下，大部分农村的累积收入和农民个人收入都普遍不高，地区之间经济发展越来越不平衡。因此，我国农村社会保障制度的发展不能整齐划一地发展，只能根据某个城市、某个地区的具体情况建立相应地制度。对于医疗保障来说，也是一样。医疗保障如农村养老保障一般，各个群体的需要也不一样。国家、地方和个人在这个方面还要根据其具体情况开展探讨。针对不同的群体展开不同的制度，满足他们对医疗保障的需求。从新型农村合作医疗的发展来看，国家、地方和个人都要在这个方面付出筹资与分配责任。

（一）加大国家财政补助

通过财政转移支付，加大中央财政和省级财政对农村新型合作医疗的投入力度，并明确中央财政和省级财政负担大头。县级财政，特别是广大中西部地区和贫困县，由于财力严重不足，其负担比例应在5%～10%之内；国家级贫困县应该免除负担。随着我国经济的不断发展以及财政收入的不断增加，国家对新兴农村合作医疗的投入将会由较大的提升空间。从各国医疗保障的发展情况来看，国家对新型农村合作医疗的投入不应低于国家、地方和个人总体投入的50%。这部分资金应至少划分为三个方面，

分别是针对普通农民的投入、针对低保户的救助和针对救济户的救助。通过制度的发展，逐渐减轻地方县乡两级财政的资金，积极发展县域经济。另外，政府要不断加强政策资金的使用监督与贯彻。

（二）提高农民的缴费额

农民缴费应坚持自愿自主地原则。每年不低于10元的缴费额度主要是考虑到参合率的问题。如果缴费额度较高，农民对于参合会持一定的怀疑态度，因为投入回报的问题而影响到其参合的积极性。而且，随着我国农村经济的发展，这一缴费额度与农村消费水平与实际医疗缴费支出相比并不算高。根据国家公布的农村经济发展数据以及新农合的参保数据可以看出，在农村经济不断发展的宏观环境下，农村合作医疗的筹资水平将会由较大的提升空间。具体如何提高，还需要根据具体的情况进行精算和分析，以及根据不同的情况进行综合考虑。从粗略的分析结果来看，农民的缴费额度至少应不低于当地医疗保健支出的30%，五保户、特困户和低保户可以通过国家政策进行相应地减免。

（三）拓宽筹集农村合作医疗资金的渠道

针对不同的地区，新型农村合作医疗的资金筹集可以通过不同的方式进行筹集。对于发达地区来说，这一部分费用可以从土地收益和农业产业化经营所得中进行垫付。农民可以根据情况免交。对于中等发达程度地农村可以采取多渠道筹集的方法，根据适当的情况从不同的渠道获取一部分农村合作医疗的发展资金。对于欠发达或者较不发达的地区，国家应加大转移支付的力度，支持这些地区医疗保障制度的建设，提升农民参合积极性的同时提升新农合的医疗保障效果。

三、健全县、乡、村三级卫生服务体系，提高农村整体医疗服务水平

完善新型农村合作医疗制度必须根据公共财政的要求，提高

农村地区医疗服务水平。

首先，要逐渐转变城乡二元化的医疗保障格局。将我国以前那种重城市、轻乡村的情况逐渐转变过来，不断加大对农村医疗体系的投入，重视基层医疗设施的建设，提高基层医疗的服务水平。对于农村来说，则要加大村卫生室、乡卫生院的投入力度。

其次，加强针对基层卫生人员的培训，提高培训质量，不断提高其医疗服务水平。针对我国过去的赤脚医生和乡村医生，要不断加大针对他们的培训力度，提高其医疗技术水平，并将注重服务和技术的理念向他们传达下去。

最后，扎实开展城市针对乡村的帮扶，加强医疗卫生人员的对口支援力度，注重从医疗技术和业务管理的角度制定帮扶措施，即城市医院支援县级医院、县级医院支援乡镇卫生院、乡镇卫生院支援村卫生室的政策，完善县、乡、村三级医疗体系。要建立农村医疗机构人才输送机制，实行医学专业大学毕业生就业和医生晋升职务之前到基层服务的制度（最少在基层服务 2 年），从而不断改善农村的医疗条件，提高农村医疗机构的医疗技术水平和综合服务能力，切实方便农民就医，使广大农民能够做到小病不出村，大病不出县，一般常见病不出镇。

四、改变新型农村合作医疗制度的筹资顺序和大病报销程序及比例

当前我国新型农村合作医疗制度的筹资方式是自下而上的。农民首先向政府缴纳 10 元的参合费用，县级财政、市级财政和省级财政按照参合的人数顺次配套资金，最后才依据配套资金向中央财政申领。直到中央财政补助资金到位以后，新农合的筹资过程才算结束。这种资金配套的过程，对于农村基层干部来说，一方面，工作负担较大，需要进行大量的统计；另一方面，需要对群众做大量的思想工作和宣传工作，以打消农民的疑虑。针对这种情况，中央财政和地方财政可以根据以前的新农合数据转变筹资

顺序，改为自上而下的顺序。中央和地方财政率先向新农合注入一定的资金，或者通过一个中转的管理机关进行资金的具体管理，而且起到一定程度的监督作用。当参合率高于财政补助的人数比例时，则在下一年度的资金拨付中额外补齐，供下一年的参合农民分享。例如，假设某县共有农村人口80万人，各级财政按总人口95%的比例补助资金，共补助农村合作医疗资金2280万元；如果参加合作医疗的农民是70万人，则参合农民自身缴纳的资金为700万元；这样，70万参合农民平均分摊这2980万元资金，则人均占有合作医疗资金42.57元。如果该县80万农民全部参加农村合作医疗，参合农民共筹资800万元，则人均占有合作医疗资金38.5元；另外30万元差额由财政补贴到下一年度的新型农村合作医疗资金中，供下一年的参合农民分享。

这种农村合作医疗的筹资方式，使得农民参加新型农村合作医疗所平均享受的医保资金不再是一个固定的量，只有在筹资工作完成后才能根据参合的人数得出人均占有的资金额度。简单的筹资顺序上的调整，不仅能大大减轻基层人员的工作负担，同时很有可能调动农民筹资参合的积极性。除此之外，将参合资金的差额补助滚入下年度分享的办法，一方面有利于提高参加新型农村合作医疗的农民继续参合的积极性；另一方面随着农村合作医疗资金的积累和人均占有水平的提高，客观上也有利于提高未参加医保的农民争取参合的积极性，从而有利于提高农民的参合率。

从当前新农合的报销制度来看，一般住院和处方的花费对农民的影响并不大。而对于大病和重症报销来看，新农合报销制度对于农民来说却存在一定的不合理之处。大病报销一般是病愈后报销。农民住院必须要提前缴纳一定的费用。对于一部分贫困户和经济条件较差的家庭来说，则有可能会因为款项筹集的问题放弃治疗，难以享受到新农合制度对农民提供的便利与实惠。另外，新农合的报销手续越来越复杂，有一部分农民在无人引导的情况下难以准确解读这些制度。解决这些问题的基本方法就是继续改革新农合的报销制度，使之更加人性化、更加贴近农民的实际情况。例如，病人在经县级以上医院确诊以后，可以根据医院的证明由新农合资金管理部门与医院结算费用，或者根据具体的情况，允许农民从新农合制度中预支一部分，或者提高大病统筹的上限、增加病人报销的比例，逐步达到大病不致贫、农民看得起的目的。

五、减少农民数量，将农民工的保障纳入到城市医疗保障体系中

我国是农业大国，农村人口占据国家总人口的大部分。据粗略统计，全国约有 6.2 亿农民，占到了全国总人口的 45%以上[①]。这种情况是世界任何一个国家都不曾出现的。对于新农合的发展来说，这种情况无疑是一种负担。因此，要发展新农合，必须不断减少农民的数量，实现农民市民化、乡村城镇化，逐渐将一部分农民的医疗保障与城市接轨。这样一方面可以减轻新农合的负担，另一方面则可以提高农民的待遇水平。

现有的资料显示，我国农村总体上约有 2 亿的剩余劳动力需要转移。从农民生活质量提高的角度看，转移农村剩余劳动力，实现农民市民化、乡村城镇化可以通过不断做出政策调整、制度创新和农民培训的方法。在这些措施的作用下，农民可以逐渐向城镇集中，向非农部门转移。农村城镇化的水平将会不断提高。从当前我国推进城镇化的战略来看，不断减少农民数量的方式可以有以下三种。

（一）向外延拓展

向外延拓展是一种就地转移的方法。农村可以逐渐发展生态农业、观光农业和乡镇企业，拓宽农业的产业链，不断实现农

① 数据来源于国家统计局网站 2015 年乡村人口一栏。

民职业化的就地转移。对于农民来说，这种措施不仅可以实现农民的就地转移，还可以提高农民的收入。因此，政府在这方面积极做出引导对于农民来说非常有利。从具体措施的角度来看，政府需要加大对农民的培训，不断提升农民的教育水平，提升农民的素质，通过财政支持、优惠政策和市场对接的方式，实现富裕劳动力的就地转移。不同的地区还可以进行市场的互通，逐步实现全国统一开放的劳动力市场，促进有条件的地区先行发展。

（二）向大城市转移

户籍制度改革已经是大势所趋。对于农民来说，不断向大城市转移已经成为提高自己生活水平的一个重要方式。因此，作为政府，要顺应这个趋势，对户籍制度、土地制度和城市用工制度进行改革，逐渐取消农民进入城市以后的歧视性政策，从而逐渐建立城乡一元的用工制度。作为中央政府，中央适宜在政策上做出统一的要求，不适宜对所有地区进行统一规划。我国地大物博、差异众多，各个地方政府要根据自己的实际情况，逐渐取消相关方面的政策，最终建立各个方面平等的制度环境。

（三）向小城镇集中

小城镇经济是中国经济发展的活力之源。对于农民来说，向城镇转移最为方便的还是向小城镇转移。通过小城镇经济的发展，城乡经济能够不断实现融合，各个方面的生产工作和工业发展也能够得到提升。特别是，对于深山和其他生存条件恶劣地区的居民，应尊重农民的意愿，根据其条件提供相应帮助。

六、建立农村新型合作医疗制度的财力需求

党的十六大报告提出，要“建立健全同经济发展水平相适应的社会保障体系”，并要求“有条件的地方，探索建立农村养老、医

疗保险和最低生活保障制度”。从实践中看，农村合作医疗制度经过不断推广，目前新型农村合作医疗在全国农村的覆盖面约为20%，农民参合率约占全国农村人口的15%，试点地区的参合率约为80%左右。建立农村新型合作医疗制度的财力需求，需要做到以下几方面。

（一）根据当前的筹资水平，建立覆盖城乡居民的新型农村合作医疗制度的财力需求

随着时间的发展，我国新农合缴费标准已经发生了明显的变化。当前我国大部分地区农民新农合缴费标准为年人均缴费150元，各级财政补贴为420元。国家根据各个地方的发展不同情况，给予西部80%的补贴，中部地区60%的比例，东部地区则根据情况适量进行补贴。从总体的趋势来看，新农合的年度筹资总额在不断增长，如图3-2所示。

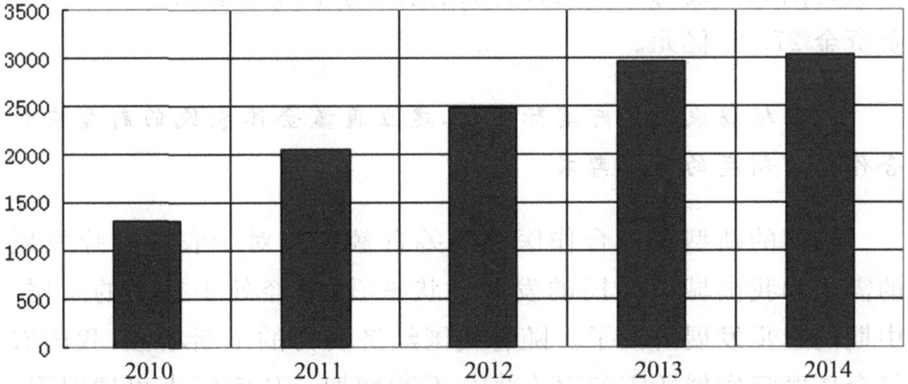

图3-2 2010—2014年我国新农合筹资水平变化图[①]

如果考虑全国约5200万[②]的低保和救济，国家将会为低保户和救济户提供更多的资金，免除他们为新型农村合作医疗缴费的人均150元，相当于国家财政又多出资78亿元。

---

① 数据来源于国家统计局网站.

② 数据来源于国家统计局网站.

（二）根据城镇居民基本医疗保险制度标准，建立覆盖全民的新型农村合作医疗制度的财力需求

建立城乡统一的新型农村合作医疗制度不仅是全国6.2亿农村居民的梦想，也是政府要着力解决的民生问题，是统筹城乡发展、建设社会主义和谐社会的一个奋斗目标。按照目前城市医疗保障单位缴费10%、个人缴费2%的比例，如果农民的人均纯收入为3255元，那么中央财政和地方财政所投入的费用就应该按2∶1的比例来分担，则中央财政、地方财政及农民自身每人每年所需要负担的费用分别为217元、108.5元、65.1元。若建立覆盖全体农村居民的新型农村合作医疗制度，中央财政、地方财政每年需要投入的资金分别为1618亿元和809亿元，合计2427亿元。如果再将农村低保人数、农村五保户人数和农村定期救济人数参加新型农村合作医疗所需的个人缴费由财政承担，假定农村困难户按每户4人计算，则财政每年需要增加投入个人缴费资金27.25亿元。

（三）根据农民医疗实际支出，建立覆盖全体农民的新型农村合作医疗制度的财力需求

当前的新型农村合作医疗的筹资额度相对于农村医疗发展的需求和我国城镇居民的发展现状来看，已经处于初期的末尾、中期的起步发展阶段了。随着我国经济实力的不断增强，我国农村合作医疗发展所需的财力将会不断增加。从实际支出情况看，我国农村居民医疗消费的总额近些年在不断增加。这说明我国新农合还有很大的发展空间。未来几年，新农合仍要致力于提高农村居民医疗保障水平，不断提升各个方面的保障水平。从最近几年关于新农合的消息来看，新农合正是在朝着这个方向不断发展的。

从财力需求的角度来看，我国新农合的总体财力投入仍要增加。我国现有6.2亿农民，新农合的总体资金筹集已经达到了

3000 亿元的标准。然而，在 2015 年，我国居民的人均保健支出已经达到了 1165 元。由此来看，我国新农合的发展空间仍然非常大，当前的筹资水平仅满足农村居民对于医疗消费需求的 50%，低于预定 70%的目标。因此，对于新农合的发展来说，国家财政仍要加大资金投入，满足农村居民对医疗保健消费的需求。

七、加强对新型农村合作医疗资金的管理和监督

建立新型的农村合作医疗制度关系到广大农民的切身利益，为了全面、系统、规范地推进农村合作医疗制度建设，还必须加强对新型农村合作医疗资金的管理，做到程序规范、公开透明、阳光操作，让老百姓心里有一本明白账。同时还必须建立相对独立的农村合作医疗资金管理和监督机制，对农村医疗资金和社会保障资金的使用、管理和运营情况进行监督。

（一）确立农村医疗保障的法律地位

确立当前这种由政府支持和农民缴费形式建立的新型农村合作医疗制度的法律地位，尽快制定相应的法律、法规，按照低标准、宽覆盖的原则完善具体条款，规范操作程序，保证各级配套资金的足额并及时到位，从而建立一个符合我国经济社会发展实际，能够覆盖广大农村居民的农村医疗服务体系。

（二）科学确定新型农村合作医疗保障制度和保障标准

参保人员在县医院、乡镇（街道）卫生院、社区卫生服务中心，或城镇职工基本医疗保险定点机构的一次性住院医药费用高于或低于保障线的，其超出部分或低于部分可按年度享受相应的医药费补偿。保障线可以视当地经济发展水平而定：

（1）本年度在保障线以下的部分由乡镇级资金补偿，具体补偿比例由各县（市、区）视资金筹集额度确定。

（2）一次性住院超过保障线以上部分的医药费可享受县（市、

区)级资金的补偿,但不得超过最高补偿额,补偿比例按医药费用从低到高逐步提高补偿比例。

(3)随着财政资助资金、统筹资金的增加及资金实际运行情况,逐年降低起报线(门槛费),逐步提高补偿比例。

(4)门诊费用报销参照住院报销标准执行。

(三)建立新型农村合作医疗参保者、医疗机构和资金管理组织三方制约机制

对农村合作医疗的资金,要实行公开、透明、阳光的操作,从而规范农村合作医疗的资金运作,控制医疗费用的不合理增长,提高资金的使用效率。

(四)建立健全资金筹集、报销公示制和县级资金年度审计制

新型农村合作医疗体系的建设必须全面、系统、规范地推进,尤其要有规范的程序。由于农村社会涉及成千上万的农民,新型农村合作医疗的操作规程必须简明扼要,便于操作。资金的使用应该按照以收定支、量入为出、保障适度的原则,逐步调整补偿标准,做到农村医保基金既不沉淀过多,也不出现透支。

(五)充分利用信息技术,对新型农村合作医疗进行系统化的管理

当前新型农村合作医疗信息系统,相对于农民来说,其适用还有一定的难度。要知道,我国大多数农民的文化程度不高,初中以下文化程度地占据了大多数。针对这种情况,适用于农民的新型农村合作医疗信息系统还要进一步进行改版,根据农民的实际情况,使信息系统更加方便易行。

第四章　农村社会救助与社会优抚制度的构建与完善

农村社会救助是国家和社会对由贫困人口与不幸成员组成的社会弱势群体提供款物接济和扶助的一种基础性生活保障制度。它主要解决农村贫困和不幸成员的生存危机,被称为最后一道“安全阀”。我国是一个农业大国,农村人口众多而且经济基础薄弱,很多地方的农民甚至没有解决温饱问题,社会救助工作更应作为发展农村社会保障的重中之重。在我国新农村建设的背景下,只有在科学发展观的指导下,全面构建符合时代发展需要的农村社会救助体系,为广大困难农民提供全面、系统的保障,才能真正做到“保障民生,维护民权,实现民利”。

农村社会优抚制度是整个优抚制度的重要一环,是对生活在农村的现役军人家属、复员军人、退伍军人以及烈士、因工伤、残、亡的军人和家属的优待。乡、村两级党委都应予以保障。

第一节　农村社会救助与优抚制度发展和意义

农村社会救助与优抚制度,是社会保障制度中不可缺少的一部分,是农村经济发展到一定阶段的必然产物。在当前我国处于并将长期处于社会主义初级阶段的国情下,建立完善的农村社会救助与优抚制度,对于改善农民的生活、促进农村的繁荣、全面建成小康社会具有重要的意义。

一、发展农村社会救助与优抚制度是党的基本路线和宗旨的要求

（一）发展农村社会救助与优抚制度是党在社会主义初级阶段的基本路线的要求

党在社会主义初级阶段的基本路线要求党持续领导我国人民建设富强的中国。农村、农业、农民问题始终是困扰我国持续发展的一个重要问题。针对这种情况，我国要继续着力解决“三农”问题。“三农”问题得到解决以后，其他方面的问题才能得到更进一步的发展。而农村社会是一个差异化程度较大，问题较多的社会。有一些农民已经富裕起来，但还有一些农民则陷入了生活困难之中。解决三农问题，必须要重视这一部分农民，对他们开展社会救助，进行社会优抚。如此一来，我国农村社会的问题才会得到进一步解决。

（二）发展农村社会救助与优抚制度是党的宗旨的体现和要求

党的根本宗旨是全心全意为人民服务。党章规定，党必须坚持全心全意为人民服务。党除了工人阶级和最广大人民群众的利益，没有自己特殊的利益。在我国，农民占全国人口的大多数，是否全心全意为广大农民群众服务，是检验党的宗旨是否得以坚持的试金石。发展农村社会救助与优抚制度，是关系广大农民群众切身利益的宏伟事业，因而是党的全心全意为人民服务宗旨的重要体现和根本要求。

二、发展农村社会救助与优抚制度是社会主义本质的要求

邓小平同志在 1992 年初的南方谈话中指出，社会主义的本质，是解放生产力，发展生产力，消灭剥削，消除两极分化，最终达到共同富裕。解放生产力，发展生产力，并不是自然而然地实现

的，而是要通过树立正确的指导思想，并在正确思想的指引下，制定并贯彻执行正确的路线、纲领、方针、政策、法规来实现。党和政府的农村社会救助与优抚政策和法规是解放和发展农村生产力的重要保证。党和政府的农村教育、农村医疗卫生、农村文化福利政策和法规以及农村老年人、未成年人、残障者和妇女福利政策和法规等，对解放和发展农村生产力起到非常重要的保证作用。邓小平还指出，社会主义最大的优越性就是共同富裕，这是社会主义本质的体现。在我国，由于历史和现实的许多因素，城乡之间存在着事实上的差别，如果不消除城乡差别，社会的共同富裕就难以实现。而农村社会救助与优抚政策的重要目标之一就是逐步缩小城乡差别。因此，必须大力推进农村社会救助与优抚建设，确保社会主义本质的实现，发挥社会主义制度的优越性。

三、发展农村社会救助与优抚制度有助于维护国家和社会稳定

我国是一个发展中国家，农村人口占总人口的60％左右，农村的稳定对于整个国家和社会的稳定至关重要。发展农村社会救助与优抚制度有助于维护农村社会的稳定，从而维护和促进整个国家和社会的稳定。发展农村义务教育，使农村适龄儿童、少年接受国民基础教育，能够为将来农民整体文化素质的提高打下基础，提高农村整体文明程度，从而减少农村的不稳定因素。发展农村成人教育和职业教育，能够充分发挥科学技术作为第一生产力的作用，提高农村劳动者的素质，提高农业生产力水平，促进农村经济发展，满足农民群众的物质利益要求，从而消除影响稳定的经济因素。发展农村医疗卫生福利事业，以使广大农民免除或者减轻因疾病导致的身体和精神痛苦，避免他们因疾病陷入过度穷困，从而有利于农村社会的稳定。发展农村老年人、未成年人和残障者的福利事业，使农民老有所养，老有所乐，使农村中缺乏亲人照顾的未成年人和残障者的生活有保障，可以减少因老年

人、未成年人和残障者问题所产生的家庭或者社会矛盾，促进农村社会稳定。

四、发展农村社会救助与优抚制度能够促进农村经济发展

党的十八大报告指出，全面建成小康社会，最根本的是坚持以经济建设为中心，不断解放和发展社会生产力。建设现代农业，发展农村经济，增加农民收入，是全面建成小康社会的重大任务。发展农村社会救助与优抚制度能够促进农村经济发展。

第一，发展农村教育事业，能够提高农村劳动者的科技文化素质，使他们成为高素质的农业劳动者和农村建设者，从而为农村的经济建设做出更大的贡献，更好地推进农村经济建设。

第二，发展农村文化事业，能够活跃农民的文化、体育生活，改善农民的身体状况和精神面貌，增强他们的劳动积极性，从而更好地推动农村经济建设。

第三，劳动者是生产力中最重要、最活跃的因素，发展农村医疗卫生福利事业，能够改善农村劳动者的身体素质，从而促进农村生产力的发展。

第四，发展农村妇女事业，有助于增强广大农村妇女在经济和社会生活中的主体地位，充分发挥她们劳动的主动性、积极性和创造性，为农村经济发展增添动力。

第五，发展农村老年人事业，使农民的晚年生活得到保障，免除他们的后顾之忧，可以帮助农民改变有钱不敢花的心理和存钱防老的观念，推动农村消费市场的繁荣，从而推动农村经济的繁荣和发展。

五、发展农村社会救助与优抚制度是建设社会主义和谐社会的要求

党的十八大报告在阐述全面建成小康社会的宏伟目标时强

调，建设更高水平的小康社会，就是要使经济更加发展、民主更加健全、科教更加进步、文化更加繁荣、社会更加和谐、人民生活更加殷实。还强调要努力形成全体人民各尽其能、各得其所而又和谐相处的局面，巩固和发展民主团结、生动活泼、安定和谐的政治局面。胡锦涛总书记在省部级主要领导干部提高构建社会主义和谐社会能力专题研讨班上的讲话中指出，我们所要建设的社会主义和谐社会，应该是民主法治、公平正义、诚信友爱、充满活力、安定有序、人与自然和谐相处的社会。和谐社会建设当然包括社会主义和谐新农村的建设。和谐社会的这些方面都与农村社会救助与优抚制度相关。发展农村教育福利事业、农村医疗卫生福利事业、农村文化福利事业、农村老年人、未成年人和残障者福利事业以及农村妇女福利事业，有助于在农村形成民主法治、公平正义、诚信友爱、充满活力、安定有序、人与自然和谐相处的局面，从而有助于促进社会主义社会的整体和谐。

第二节　我国农村社会救助与优抚制度的主要内容

一、我国农村社会救助制度的主要内容

（一）农村五保供养制度

农村五保供养是具有显著中国特色的弱势群体保障制度，是指对农村居民中无法定赡养人、无劳动能力、无生活来源的老人、残疾人和未成年人在吃、穿、住、医、葬和未成年人义务教育等方面给予生活照料和物质帮助。农村五保供养制度于1956年建立，并在1994年由国家以政府法规的形式予以确定。2006年新修订的《农村五保供养工作条例》出台，五保供养被正式纳入国家

救助体系之中。

1.供养对象

《条例》规定,老年、残疾或者未满16周岁的村民,无劳动能力、无生活来源又无法定赡养、抚养、扶养义务人,或者其法定赡养、抚养、扶养义务人无赡养、抚养、扶养能力的,享受农村五保供养待遇。对批准给予农村五保供养待遇的,发给《农村五保供养证书》。[①]

2.供养内容

《条例》规定农村五保供养包括下列供养内容:供给粮油、副食品和生活用燃料;供给服装、被褥等生活用品和零用钱;提供符合基本居住条件的住房;提供疾病治疗,对生活不能自理的给予照料;办理丧葬事宜。

同时还规定,对于未满16周岁或者已满16周岁仍在接受义务教育的供养对象,应当保障他们依法接受义务教育所需费用。农村五保供养对象的疾病治疗,应当与当地农村合作医疗和农村医疗救助制度相衔接。[②]

3.供养标准

《条例》要求农村五保供养标准不得低于当地村民的平均生活水平,并根据当地村民平均生活水平的提高适时调整。农村五保供养标准,可以由省、自治区、直辖市人民政府制定,在本行政区域内公布执行,也可以由设区的市级或者县级人民政府制定,报所在的省、自治区、直辖市人民政府备案后公布执行。[③]

---

① 农村五保供养工作条例[EB\OL].中国政府网站:http://www.gov.cn/zwgk/2006－01/26/content_172438.htm

② 农村五保供养工作条例[EB\OL].中国政府网站:http://www.gov.cn/zwgk/2006－01/26/content_172438.htm

③ 农村五保供养工作条例[EB\OL].中国政府网站:http://www.gov.cn/zwgk/2006－01/26/content_172438.htm

4. 供养形式

农村五保供养对象可以在当地的农村五保供养服务机构集中供养，也可以在家分散供养。农村五保供养对象可以自行选择供养形式。

集中供养的农村五保供养对象，由农村五保供养服务机构提供供养服务；分散供养的农村五保供养对象，可以由村民委员会提供照料，也可以由农村五保供养服务机构提供有关供养服务。[①]

（二）农村最低生活保障制度

农村最低生活保障制度是由国家和集体对家庭人均收入低于当地最低生活保障标准的农村居民实施现金、实物或者服务帮助的救助制度。它是农村社会救助中最普遍、最稳定、最可靠的一种救助制度，覆盖农村所有收入水平低于最低生活保障线的贫困者，包括因病、因灾、因老、因孤等原因造成家庭生活困难的群体。作为农村特困户救助的重要组成部分，它的建立不仅是改革与完善农村社会救助制度的重大举措，也是尽快建立农村社会保障体系的关键所在。

1. 保障对象

农村最低生活保障制度指家庭成员人均收入低于当地最低生活保障标准的农村居民，由国家和乡村集体发放保障金，保障他们的基本生活。农村最低生活保障的对象主要包括以下人员：①因疾病或残疾大部分丧失劳动能力，家庭生活困难者；②家庭人口多，缺少劳动力，造成生活困难者；③因灾害、事故等造成家庭收入减少或主要劳力死亡，家庭生活困难者。

---

① 农村五保供养工作条例[EB\OL]. 中国政府网站：http://www.gov.cn/zwgk/2006-01/26/content_172438.htm

2. 保障标准

目前各地的保障标准是本着“低标准起步”“既要能保障基本生活，又要有利于克服依赖思想”的原则，区、县人民政府根据当地农村居民维持最基本生活所必需的吃、穿、住、用等费用标准制定，并报上级人民政府备案后公布执行。有些地区则是区县制定指导标准，各乡镇根据自身实际情况加以调整。

各地在制定标准时，主要考虑以下四个方面的因素：①维持农村居民的最基本生活；②当地农村经济发展水平。主要考虑当地人均国民生产总值、农民人均纯收入等；③地方财政和村集体的承受能力；④物价上涨指数。

3. 保障方式

最低生活保障方式可以灵活多样，主要有三种方式：一是发放救济金；二是发给部分救济金和部分实物（如粮款结合的方式，即首先满足人均口粮的救助，以粮抵款，差额部分发给现金）；三是制定优惠政策，如对保障对象减免提留款、统筹款和各种集资款，减免子女的学杂费、部分医疗费等。除此之外，很多地方发动社会力量普遍开展了多种形式的社会互助活动，通过与保障对象“结对子”的形式进行帮扶。

4. 保障资金

目前，由于我国农村特困人口较多且国家财力有限，难以负担全部农村低保资金，在保障资金来源上实施地方财政和村集体共同负担，并由各地根据实际情况确定各级财政和村集体的负担比例：一是由市、县、乡、村四级按一定比例承担，比例为2∶3∶3∶2；二是由市、县、乡三级负担，比例为5∶3∶2或4∶4∶2；三是由县、乡两级负担，比例为5∶5或6∶4。经济条件好的地方，乡村集体负担的比重大一些；经济条件差的地方，县一级财政负担的比重大一些。

另外，有些地区探索建立多渠道筹集保障资金的机制，广泛借助社会力量，组织社会募捐、义演等慈善活动，依靠民间力量筹措低保资金。

5. 保障管理

最低生活保障资金的管理可采取的方式有两种：一是将保障资金集中到县一级统一管理，实行专户转账，按时下拨到乡镇统一发放；二是各级政府财政负担的资金集中到县一级统一管理，村集体负担的资金，可由村集体直接与保障对象签订合同或协议，按时发放。

（三）灾害救助制度

作为社会救助的重要组成部分，灾害救助的社会本质在于坚持以人为本，通过在特殊的社会状态下维护和保障灾民的基本生活需要，以解决灾害社会问题，努力减少人员伤亡，最大限度地减轻国家和人民群众的财产损失，尽快恢复基础设施，维护社会稳定。

1. 灾害救助的基本内涵

灾害救助是一个内涵和外延都比较广泛的范畴，它是指为了让灾民摆脱生存危机，国家和社会依法向遭受自然灾害袭击而造成生活贫困的社会成员进行抢救和援助，在衣、食、住、医疗等基本生活资料方面给予其最低生活水平保障，帮助灾民确立自行生存能力的社会救助项目。灾害社会救助，不仅较全面地包括了受灾中和受灾后及时且持续的帮助，同时还强调了在切实解决灾民基本生活的前提下，帮助灾民重建生产，脱贫致富，提高抵御灾害的能力。

自然灾害具有强大的破坏性，它可以摧毁人类的家园，使人们多年积累的财富毁于一旦，使人民的生活陷入困境。灾害发生后，灾民的生活需要政府和社会给予救助，灾后的重建也需要政府与社会的帮助和扶持，因此，灾害救助是世界各国社会救助制度中一项经常的重要内容。

2. 灾害救助的特点

灾害救助的特点主要有以下五方面。

①灾害救助具有一定的实施限制。自然灾害救助只有公民遭受自然灾害侵袭而生活无着时，才具备实施的基础。

②灾害救助是紧急救助。自然灾害救助所提供的资金和物资是急需的，是能够维持灾民最低生活水平的物资。比如，矿泉水、方便面、蔬菜、大米等。

③灾害救助是短期救助。在自然灾害中，政府都会组织灾民进行生产自救，政府启动的直接经济救助只是临时性救助措施。

④灾害救助资金由国家财政和地方财政解决。原则上，一般自然灾害由地方财政救济；特大自然灾害由中央财政救助。

⑤灾害救助的另一个资金来源渠道是社会捐赠。社会捐赠是弥补自然灾害救助资金不足、减轻国家负担的重要渠道。需要强调的是，在社会捐赠资金的管理上，相关部门一定要认真负责，保证资金得到切实的利用。

3. 灾害救助的程序①

(1)应急准备

应急准备主要包括资金准备；物资准备；通信和信息准备；救灾准备；人力资源准备；社会动员准备；宣传培训和演练等方面的内容。

(2)预警预报与信息管理

预警预报与信息管理主要包括灾害预警预报、灾害信息共享和灾害信息管理三个内容。其中灾害信息管理包括对自然灾害发生前的预警预报管理，灾害信息的共享的管理，以及自然灾害

① 民政部自然灾害救助应急工作规程[EB\OL]. 民政部：http://www.mca.gov.cn/article/zwgk/fvfg/jzjj/200805/20080500015846.shtml

发生后报告、灾情信息管理。

(3)启动应急响应

根据自然灾害的性质、严重程度、可控性等因素，启动四级响应措施。

①重特大自然灾害，启动Ⅰ级响应。减灾委接到灾情报告后第一时间向国务院提出启动Ⅰ级响应的建议，由国务院决定进入Ⅰ级响应。

②重特大自然灾害，启动Ⅱ级响应。减灾委秘书长(民政部副部长)在接到灾情报告后第一时间向减灾委副主任(民政部部长)提出启动Ⅱ级响应的建议，由减灾委副主任决定进入Ⅱ级响应。

③重特大自然灾害，启动Ⅲ级响应。减灾委办公室在接到灾情报告后第一时间向减灾委秘书长(民政部副部长)提出启动Ⅲ级响应的建议，由减灾委秘书长决定进入Ⅲ级响应。

④重特大自然灾害，启动Ⅳ级响应。减灾委办公室在接到灾情报告后第一时间决定进入Ⅳ级响应。

(4)应急响应措施

①Ⅰ级响应措施。由减灾委主任统一领导，组织抗灾救灾工作。民政部接到灾害发生信息后，2 小时内向国务院和减灾委主任报告，之后及时持续报告有关情况。国务院在灾害发生 24 小时内下拨救灾应急资金，协调调运救灾物资。

②Ⅱ级响应措施。民政部成立救灾应急指挥部，实行联合办公，组成紧急救援(综合)组、灾害信息组、救灾捐赠组、宣传报道组和后勤保障组等抗灾救灾工作小组，统一组织开展抗灾救灾工作。

③Ⅲ级响应措施。减灾委办公室，全国抗灾救灾综合协调办公室及时与有关成员单位联系，沟通灾害信息；组织召开商会，分析灾区形势，研究落实对灾区的抗灾救灾支持措施；组织有关部门共同听取有关省(区、市)的情况汇报；协调有关部门向灾区派出联合工作组。

④Ⅳ级响应措施。由减灾委办公室、全国抗灾救灾综合协调办公室主任组织协调灾害救助工作。减灾委办公室全国抗灾救灾综合协调办公室及时与有关成员单位联系，沟通灾害信息；向有关部门落实对灾区的抗灾救灾支持；视情况向灾区派出工作组。

(5)终止应急响应

①终止Ⅰ级响应。灾区灾情以及相关工作稳定后，由减灾委主任决定终止Ⅰ级响应。

②终止Ⅱ级响应。灾区灾情以及相关工作稳定后，由减灾委副主任决定终止Ⅱ级响应。

③终止Ⅲ级响应。灾区灾情以及相关工作稳定后，由减灾委秘书长决定终止Ⅲ级响应，报告减灾委副主任。

④终止Ⅳ级响应。灾区灾情以及相关工作稳定后，由减灾委办公室、全国抗灾救灾综合协调办公室主任决定终止Ⅳ级响应，报告减灾委秘书长。

(6)灾后救助与恢复重建

灾后救助，是指国家和社会根据相关的补助标准和补助条件对确认需要政府救济的灾民，进行粮食和资金的救助。

恢复重建，是指政府根据灾情和地区实际情况制定的恢复重建方针、目标、政策、重建进度给予资金支持和优惠。

二、我国农村社会优抚制度

(一)社会优抚的概念

社会优抚制度是国家通过法定形式，通过政府行为，对优抚对象实行具有褒扬和优待抚恤型的社会保障措施。社会优抚是现代社会保障体系中的特殊部分，是我国军民在长期的革命和建设实践中逐步形成并发展起来的一项传统工作，它通过对以军人及其家属为主体的优抚对象实行物质照顾和精神抚慰，直接服务于军队和国防建设，是我国社会保障体系的重要组成部分。优抚工作实行“国家、社会、群众”三结合的优抚制度，在国家抚恤的基础上，发挥社会和群众力量，依靠全社会共同做好优抚工作，保障优抚对象的抚恤优待与国民经济的发展相适应，使抚恤优待标准与人民的生活水平同步提高。

（二）社会优抚的特点

健全有效的社会优抚制度，对于维持社会稳定，保卫国家安全，促进国防和军队现代化建设，推动经济发展和社会进步等都具有重要的意义。社会优抚法隶属于社会保障法，是社会保障法的有机组成部分，它具有自身的独特性，具体有以下几方面。

1. 社会优抚法所保障的对象具有特定性

优抚安置保障作为一种奖励与补偿的特殊社会保障制度，它的特殊性首先就表现在其所保障的对象的特定性。根据法律法规的规定，优抚的对象是为革命事业和保卫国家安全做出贡献和牺牲的特殊社会群体，由国家对他们的贡献和牺牲给予补偿和褒扬。根据我国现行有关法律法规，社会优抚的对象包括：现役军人，革命残废军人，退出现役的军人，革命烈士家属，牺牲、病故军人家属，现役军人家属，以及国家工作人员牺牲病故、人民群众因维护社会治安同犯罪进行斗争而伤亡、被评为革命烈士的人民群众、人民警察（包括未列入行政编制的人民警察）因公伤亡、驻外机构工作人员在国外工作期间死亡以及上述人员家属。

《中华人民共和国兵役法》（以下简称《兵役法》）第 51 条规定：“现役军人，革命残废军人，退出现役的军人，革命烈士家属，牺牲、病故军人家属，现役军人家属，应当受到社会的尊重，受到国家和人民群众的优待。”[①]国家通过对上述对象进行优待、抚恤、

① 中华人民共和国兵役法. 中国征兵网：http://www.gfbzb.gov.cn/zbbm/zcfg/byfg/201403/20140313/817833800.html

安置，保证他们在经济上不低于当地群众平均生活水平，政治上又得到国家的肯定性评价，这对增强我军的凝聚力、提高军队战斗力，实现军队正规化和现代化，巩固国防，具有重要的长远和现实意义。

2.社会优抚法所提供的保障标准较高

由于优抚制度的补偿性和褒扬性，优抚待遇标准要高于一般的社会保障标准，优抚保障对象可以优先优惠地享受国家和社会提供的各种优待、抚恤、服务和政策扶持。

根据有关立法规定，军人及其家属享受的保障待遇要高于其他普通公民所享受的保障标准，军转干部的离退休待遇要高于地方同级别的离退休人员的待遇水平，军人的抚恤标准也要高于一般劳动者的工作抚恤标准。这些高标准的待遇是基于被保障对象为国家所做的牺牲、贡献的特殊性而来的。这样的待遇标准，对于受保障的对象来说，稳定可靠，吸引力大，对军队的整体建设发展则起着强大的激励作用。

3.社会优抚法所规定的优抚安置工作以政府为主导

社会优抚工作关系重大并且需要耗费巨大的人力、物力，因此必然要以政府为主导，同时辅以非政府的其他社会力量。优抚安置所保障的对象的范围以及保障的待遇和措施必须由国家法律、法规、规章、地方性法规以及其他规范性文件做出强制性的、明确的规定，确立完善的以政府为主要实施主体的法定优抚安置制度，同时，非政府的社会力量对于从事社会公益活动的人给予非法定的优抚安置待遇，如农村的村委会自愿给予服役的军人家属团拜，给予一定的精神、物质鼓励等，并不是以优抚安置法的强制性规定为依据，而是以社会公德和习俗为依据，是法定的社会优抚安置工作的有益补充。例如，优抚优待的资金来源主要依靠国家的财政支出。优抚工作是政府的一项重要行为，优抚优待的资金主要由国家财政投入，还有一部分由社会承担，只有在医疗保险和合作医疗等方面由个人缴纳一部分费用。

4.社会优抚法所规定的内容具有综合性的特点

社会优抚法所规定的保障对象不同于其他类型的社会保障法所针对的保障对象——社会弱者，无论是有固定社会公职的军人和警察，还是一般的人民群众，他们原本并不处于社会弱势地位，也无须社会的特殊照顾和保障。但当他们从事了一定的社会公益之后，其自身利益可能遭受不可避免的损失，或者是现实的物质利益损失，或者是潜在的精神利益损失。

社会优抚与社会保险、社会救助和社会福利不同，它是特别针对某一特殊身份的人所设立的，内容涉及社会保险、社会救助和社会福利等，包括抚恤、优待、养老、就业安置等多方面的内容，是一种综合性的项目。例如，对军转干部提供的离退休待遇或就业安置，对革命烈士家属和伤残人员的抚恤等，具有社会保险的特征；对有特殊困难的农村籍退伍义务兵和现役军人家属提供的扶持生产、帮困济贫等政策措施，具有社会救助的特征；而为优抚对象提供的乘车、船、飞机等的优惠及优先解决其住房、就业、子女入托入学、医疗、工作调动等特殊待遇，又有了社会福利的性质。所以说，社会优抚制度是一个以特殊社会群体为保障对象的综合社会保障体系。

因此，社会优抚安置法规定的国家或社会对于这些特殊群体的特殊保障也带有综合性，主要分两类：补偿和鼓励。在补偿方面，从事了社会公益活动的人员以自己的福利为代价换取了社会整体福利的增加，社会必然要对他们的损失进行补偿，而他们的损失包括物质上的内容与精神上的内容，所以补偿的形式也分为物质性补偿和精神性补偿。而在鼓励方面，因为在有的情况下，人们从事公益活动并不会必然导致自身福利的显著损失，但其行为具有显著的公益性质，并对社会整体福利做出了重大的贡献，所以国家或社会对于这样的行为予以奖励。而这种奖励既可以是物质的，比如特殊的国家津贴和奖金，也可以是精神的，比如各种荣誉和称号。此时的优抚安置法所规定的“奖励”的保障措施已经超出了传统意义的保障基本生活水平的含义，其所保障的，不是一定的物质生活条件，从社会整体而言，保障的是对社会公益有显著作用的公益行为的积极性和创造性，使得社会中始终保持有热衷于社会公益事业的群体，并以此倡导健康有序的良好社会风气的形成。

（三）社会优抚的作用

社会优抚是由国家政府出面对有特殊贡献的人员实行的一种保障制度。各国都有对军人和对国家有功人员及其家属的优待抚恤保障制度，只是形式、内容各异。优抚保障直接与国家的政治利益需要相联系，有明显的政治色彩。社会优抚的作用主要是以下几个方面。

1.社会优抚是国家安全稳定与发展的重要保证

社会优抚事业与国家的军事活动紧密相连，军队是国家政权的重要保障，国家存在，必然存在军队，就必须建立优抚事业。做好优抚工作，是国家长治久安、社会稳定发展的重要保证。

2.社会优抚起到稳定社会、鼓舞士气的作用

优抚对象在生活和工作中不能满足合理需要时，势必会影响他们生活和工作的积极状态，从而形成社会上的不稳定因素。社会优抚事业可以解除优抚对象的困难，消除他们的后顾之忧，使他们尽心尽力服务于国防建设和社会发展。

3.社会优抚是社会经济快速发展的重要保障

社会优抚事业维护了军人权益、稳定了军心，促进了军队建设，为社会经济发展创造和谐、安定的环境。同时，国家开展优抚工作，可以增强军队实力，融洽军政、军民关系，和平时期军队直

接参与地方建设，加快社会经济发展速度。

（四）社会优抚的条件与内容

1.农村社会优抚对象的条件

优抚对象享受相应待遇的前提是对优抚对象的身份的确定。我国对优抚对象的条件情况都有严格的界定条件，主要分为以下五类。

(1)农村退伍军人及现役军人家属

农村退伍军人具体是指按照《中华人民共和国兵役法》的规定，义务兵役制以后参加中国人民解放军，并持有退伍或复员军人证件回归农村的人员。现役军人家属主要是指按照《中华人民共和国兵役法》的规定，正在服役期间军人在农村的家属。

(2)农村复员军人

农村复员军人主要是指 1954 年 10 月 31 日开始试行义务兵役制以后参加过中国人民解放军、东北抗日联军、中国共产党领导的脱产游击队、八路军、新四军、解放军、中国人民志愿军等，持有复员、退伍军人证件或组织批准复员的人员。

(3)农村革命伤残人员

农村革命伤残人员主要是指那些在服役期间因战、因公、因病（只限义务兵）致残的军人和那些国家机关工作人员，人民警察、民兵民工因战、因公致残，符合评残条件的人员，并需经审批机关批准，取得民政部颁发的《革命伤残军人证》《国家机关工作人员伤残抚恤证》《人民警察伤残抚恤证》《民兵民工伤残抚恤证》的人员。

(4)农村历史遗属

农村历史遗属主要是指经法定机关认定，得到《因公死亡证明书》的遗属。

(5)农村因公、因病死亡军人遗属

农村因公、因病死亡军人遗属主要是指经法定机关认定，得到因公、因病死亡证明书的遗属。

2.社会优抚的内容

社会优抚的内容包括优待和抚恤两个方面，其具体内容涉及社会保障的方方面面，一般包括死亡抚恤、伤残抚恤、社会优待等内容。

(1)优待制度

社会优待是社会优抚制度的一项重要内容，是国家、社会、群众对烈属，因公牺牲或病故军人的家属，革命伤残军人，现役军人及其家属，带病回乡复退军人，退伍红军老战士等优抚对象给予帮助和照顾的制度。

①现役军人家属优待

现役军人在服兵役期间，现役义务兵的家属可以领取优待金，优待金的发放由省、自治区、直辖市人民政府根据本地区的实际情况，制定具体办法。优待金按照下列原则办理：一是优待金按照《中华人民共和国兵役法》规定的义务兵服现役的期限发放。超期服役的，部队团以上单位机关应该及时通知地方政府，可以继续给予优待；没有部队通知的，义务兵服现役期满，即停止发放优待金。二是优待金由义务兵入伍时的户口所在地政府发放，非户口所在地的义务兵，不给予优待。三是从地方直接招收的军队院校的学员及文艺体育专业人员的家属，不享受义务兵家属的优待金待遇。

优待金标准的确定，一是要与当地经济条件和人民群众生活水平相适应；二是要保障优抚对象有相当或略高于当地一般群众的生活水平；三是要考虑优待金筹集的可行性。2005年各地优待金的具体标准，多数地区规定相当于当地人均收入水平，或不低于当地一个劳动力收入的1/2或2/3的水平。

②烈士子女优待

一是革命烈士、因公牺牲军人、病故军人的子女、弟妹，自愿参军并符合征兵条件的，在征兵期间可优先批准一人入伍；二是家居农村的革命烈士家属符合招工条件的,当地人民政府应安排其中一人就业;三是革命烈士子女、革命伤残军人报考中等学校、高等院校,录取的文化要求和身体要求应适当放宽;四是革命烈士子女考入公立学校的,免交学杂费并优先享受助学金或者学生贷款。

③伤残军人优待

退出现役的特等、一等革命伤残军人,由国家供养终身。需要集中供养的,由国家设置专门的机构供养;需要分散供养的,由地方人民政府负责妥善安置,并按照规定发放护理费。一般来说,需要集中供养的伤残军人需要具备以下条件之一:一是因伤残后遗症需要经常医疗处置的;二是生活需要护理、不便分散照顾的;三是独身一人不便分散照顾的。我国政府为残疾军人设置的休养院主要包括残疾军人休养院、复员军人慢性病疗养院、复员军人精神病院和光荣院等。

④复员、退伍军人的优待

复员军人未参加工作,因年老体弱,生活困难的,按照规定的条件,由当地民政部门给予定期定量补助,并逐步改善他们的生活待遇。享受补助的资格条件具体是指:一是孤老;二是年老体弱、丧失劳动能力,生活困难的;三是带病回乡不能参加生产劳动,生活困难的。另外还规定,在部队期间立功受奖,服役年限长,贡献较大的,定期定量补助标准应适当提高。

(2)抚恤制度

抚恤制度是国家对革命烈士、因公牺牲和病故军人的家属、革命伤残军人及家属所实行的一种物质抚慰保障,是我国社会优抚的一个重要组成部分。我国抚恤制度主要包括死亡抚恤和伤残抚恤两类。

①死亡抚恤

死亡抚恤是国家对革命烈士家属、因公牺牲和病故军人及因公牺牲病故的国家机关工作人员家属、人民警察家属发给一定数额的费用,给予生活帮助的制度。死亡抚恤分为一次性抚恤和定期抚恤两种。前者主要用以抚慰死者家属,并帮助其解决突然发生的生活困难;后者则是为了解决长期的生活困难问题。

A. 一次性抚恤待遇

一次性抚恤待遇主要是指国家规定一次性发给革命烈士家属、因公牺牲军人家属、病故军人家属的抚恤金。《军人抚恤优待条例》规定现役军人死亡,根据其死亡性质和死亡时的月工资标准,由县级人民政府民政部门发给其遗属一次性抚恤金,标准是:烈士和因公牺牲的,为上一年度全国城镇居民人均可支配收入的 20 倍加本人 40 个月的工资;病故的,为上一年度全国城镇居民人均可支配收入的 2 倍加本人 40 个月的工资。月工资或者津贴低于排职少尉军官工资标准的,按照排职少尉军官工资标准计算。

获得荣誉称号或者立功的烈士、因公牺牲军人、病故军人,其遗属在应当享受的一次性抚恤金的基础上,由县级人民政府民政部门按照下列比例增发一次性抚恤金:一是获得中央军事委员会授予荣誉称号的,增发 35%;二是获得军队军区级单位授予荣誉称号的,增发 30%;三是立一等功的,增发 25%;四是立二等功的,增发 15%;五是立三等功的,增发 5%。[①]

多次获得荣誉称号或者立功的烈士、因公牺牲军人、病故军人,其遗属由县级人民政府民政部门按照其中最高等级奖励的增发比例,增发一次性抚恤金。

一次性抚恤金发给烈士、因公牺牲军人、病故军人的父母(抚养人)、配偶、子女;没有父母(抚养人)、配偶、子女的,发给未满 18 周岁的兄弟姐妹和已满 18 周岁但无生活费来源且由该军人生前供养的兄弟姐妹。

B. 定期抚恤待遇

定期抚恤待遇和一次性抚恤待遇相比,最大的差别在于对领取抚恤家属,一次性抚恤待遇没有附加条件,而定期抚恤待遇则

---

① 新华社. 国务院、中央军事委员会关于修改《军人抚恤优待条例》的决定[EB\OL]. http://news.xinhuanet.com/politics/2011-07/30/c_121748331.htm

规定了较严格的条件。根据《军人抚恤优待条例》规定，符合定期抚恤待遇条件的标准包括以下几条：一是父母（抚养人）、配偶无劳动能力、无生活费来源，或者收入水平低于当地居民平均生活水平的；二是子女未满18周岁或者已满18周岁但因上学或者残疾无生活费来源的；三是兄弟姐妹未满18周岁或者已满18周岁但因上学无生活费来源且由该军人生前供养的。

定期抚恤金标准应当参照全国城乡居民家庭人均收入水平确定。定期抚恤金的标准及其调整办法，由国务院民政部门会同国务院财政部门规定。

县级以上地方人民政府对依靠定期抚恤金生活仍有困难的烈士遗属、因公牺牲军人遗属、病故军人遗属，可以增发抚恤金或者采取其他方式予以补助，保障其生活不低于当地的平均生活水平。

享受定期抚恤金的烈士遗属、因公牺牲军人遗属、病故军人遗属死亡的，增发6个月其原享受的定期抚恤金，作为丧葬补助费，同时注销其领取定期抚恤金的证件。

现役军人失踪，经法定程序宣告死亡的，在其被批准为烈士、确认为因公牺牲或者病故后，又经法定程序撤销对其死亡宣告的，由原批准或者确认机关取消其烈士、因公牺牲军人或者病故军人资格，并由发证机关收回有关证件，终止其家属原享受的抚恤待遇。

②伤残抚恤

伤残抚恤是国家对按规定取得革命伤残人员身份的人员，根据其伤残性质和丧失劳动能力及影响生活能力的程度，以现金津贴形式给予的抚慰保障。伤残抚恤也是优抚保障制度中的重要内容之一。

根据《军人抚恤优待条例》规定伤残按照性质区分为“因战”“因公”“因病”三种。残疾的等级，根据劳动功能障碍程度和生活自理障碍程度确定，由重到轻分为一级至十级。残疾等级的具体评定标准由国务院民政部门、人力资源社会保障部门、卫生部门会同军队有关部门规定。因战、因公致残，残疾等级被评定为一级至十级的，享受抚恤；因病致残，残疾等级被评定为一级至六级的，享受抚恤。

残疾军人的抚恤金标准应当参照全国职工平均工资水平确定。残疾抚恤金的标准以及一级至十级残疾军人享受残疾抚恤金的具体办法，由国务院民政部门会同国务院财政部门规定。

县级以上地方人民政府对依靠残疾抚恤金生活仍有困难的残疾军人，可以增发残疾抚恤金或者采取其他方式予以补助，保障其生活不低于当地的平均生活水平。

退出现役的因战、因公致残的残疾军人因旧伤复发死亡的，由县级人民政府民政部门按照因公牺牲军人的抚恤金标准发给其遗属一次性抚恤金，其遗属享受因公牺牲军人遗属抚恤待遇。

退出现役的因战、因公、因病致残的残疾军人因病死亡的，对其遗属增发12个月的残疾抚恤金，作为丧葬补助费；其中，因战、因公致残的一级至四级残疾军人因病死亡的，其遗属享受病故军人遗属抚恤待遇。

退出现役的一级至四级残疾军人，由国家供养终身；其中，对需要长年医疗或者独身一人不便分散安置的，经省级人民政府民政部门批准，可以集中供养。

对分散安置的一级至四级残疾军人发给护理费，护理费的标准为：一是因战、因公一级和二级残疾的，为当地职工月平均工资的50%；二是因战、因公三级和四级残疾的，为当地职工月平均工资的40%；三是因病一级至四级残疾的，为当地职工月平均工资的30%。

退出现役的残疾军人的护理费，由县级以上地方人民政府民政部门发给；未退出现役的残疾军人的护理费，经军队军级以上单位批准，由所在部队发给。

残疾军人需要配制假肢、代步三轮车等辅助器械，正在服现役的，由军队军级以上单位负责解决；退出现役的，由省级人民政府民政部门负责解决。

第三节 推进我国农村社会救助制度改革的主要措施

一、我国农村社会救助的现状

（一）农村低保的现状

根据民政部发布的《2012年社会服务发展统计公报》中统计，截至2012年底，全国有农村低保对象2814.9万户、5344.5万人，比上年同期增加38.8万人，增长了0.7%。全年各级财政共支出农村低保资金718.0亿元，比上年增长了7.5%，其中中央补助资金431.4亿元，占总支出的60.1%。2012年全国农村低保平均标准2067.8元/人·年，比上年提高349.4元，增长20.3%；全国农村低保月人均补助水平104.0元。[①]

（二）农村五保的现状

根据民政部发布的《2012年社会服务发展统计公报》中统计，截至2012年底，全国有农村五保供养对象529.2万户，545.6万人，分别比上年下降0.2%和1.0%。全年各级财政共支出农村五保供养资金145.0亿元，比上年增长19.1%。其中：农村五保集中供养185.3万人，集中供养年平均标准为4060.9元/人，比上年增长19.4%；农村五保分散供养360.3万人，分散供养年平均标准为3008.0元/人，比上年增长21.8%。[②]

---

① 民政部发布2012年社会服务发展统计公报[EB\OL]. 民政部：http://www.mca.gov.cn/article/zwgk/mzyw/201306/20130600474640.shtml

② 同上.

（三）农村传统救济的现状

根据民政部发布的《2012 年社会服务发展统计公报》中统计，截至 2012 年底，农村传统救济 79.6 万人，比去年增长 15.9%。

（四）农村医疗救助的现状

根据民政部发布的《2012 年社会服务发展统计公报》中统计，2012 年全年累计救助贫困农村居民 5974.2 万人次，其中：民政部门资助参加新型农村合作医疗 4490.4 万人次，人均资助参合水平 57.5 元；民政部门直接救助农村居民 1483.8 万人次，人均救助水平 721.7 元。全年各级财政共支出农村医疗救助资金 132.9 亿元，比上年增长 10.8%。

（五）灾害救助的现状

根据民政部发布的《2012 年社会服务发展统计公报》中统计，2012 年全国各类自然灾害共造成 2.9 亿人次不同程度受灾，因灾死亡失踪 1530 人，紧急转移安置 1109.6 万人次；农作物受灾面积 2496.2 万公顷，其中绝收面积 182.6 万公顷；倒塌房屋 90.6 万间，严重损坏 145.5 万间，一般损坏 282.4 万间；因灾直接经济损失 4185.5 亿元。国家减灾委、民政部共启动 11 次预警响应和 38 次应急响应，协调派出 40 个救灾应急工作组赶赴灾区，财政部、民政部下拨中央救灾资金 112.7 亿元，民政部调拨帐篷 7.7 万顶、棉衣被 54.8 万件（床）、折叠床 1.7 万张等救灾物资，累计救助受灾群众 7800 万人次，帮助维修和重建住房 410 万间，受灾群众基本生活得到妥善保障。

二、农村社会救助运行中存在的主要问题

我国农村社会救助制度总体上看还处于发展的初级阶段，在制度的设计、体制的理顺、资金的供给、社会救助的管理与服务等多方面都还存在一些缺陷与不足。

（一）救助标准偏低

就农村低保来说，农村低保的标准和实际补助水平，虽然近年来呈增长趋势，但总体看还比较低。以2009年为例，该年全国农村低保的平均标准为每人每年1210元，仅占同期全国农民人均纯收入（5153元）的23.5%，仅是联合国人均每天1美元的最低贫困标准的一半左右；农村低保补助月人均64元，占同期城市低保补助水平（165元）的39%。由于农村贫困线并没有全国统一，事实上，有些地区的标准比这还要低，还有部分地区对外公布的贫困线和实际执行的贫困线不一致，且相差悬殊，如聊城市的某个县对外公布的贫困线是1000元/人·年，实际执行的只有600元/人·年。[①] 农村低保标准的确定，尽管主要是考虑满足农村居民衣食等基本生存需求，但也要适度考虑人的社会生活方面的基本需求。目前的农村最低生活保障标准仅仅考虑前者，而且在很多地区低保标准的上涨幅度赶不上物价上涨幅度，很难保障困难群体的最基本生活需要。

在医疗救助与自然灾害救助水平上也存在类似问题。据对绍兴、桐庐和仙居三县的调查，2006年，三县的医疗救助对象从新农合、救助基金中获得的补偿额分别占22.18%、10.41%，两项补偿金仅占救助对象全年人均医疗费的32.65%（1/3弱），医疗救助对象的自付比例超过2/3。如此高的自付比例，即使不放弃治疗，事后也将背负沉重债务。在自然灾害救助中，多数年份国家救灾拨款都不到经济损失的4%，对灾民的帮助很有限。

（二）生活救助覆盖面不足

以农村低保救助为例，尽管在2010年，农村有5214.0万人获得低保救助，获救助人口占农村人口的近5%，也高于同期的农

---

① 段玉恩，郭斌.农村居民最低生活保障制度实证研究——以山东省自然村为例[J].山东社会科学，2011(10).

村绝对贫困线以下人口，但由于绝对贫困线定的较低，还有许多人被排除在外。据有关专家推测，若按 2010 年新确定的农村人均纯收入 2300 元作为贫困线，农村贫困人口仍有近 1.5 亿人，现有的救助比例只占应救助比例的 1/3 左右。许多地区的实地调查都显示，农村的低保率都远远低于当地的贫困发生率。

以山东为例，山东省平均贫困发生率为 4.72%，低保率只有 2.49%，低保人口占贫困人口的比率为 52.9%。调查还发现，各地普遍采取了根据财政能力逐步扩大保障面的做法，达到应保尽保的村庄只占 16.5%。①

（三）社会救助资金不足

目前我国农村救助资金缺口比较大，导致救助覆盖面不足，救助标准偏低。救助资金不足，有多种原因：一是地方政府因税收大头由中央拿走，自身缺乏财力；二是在财政支出结构中，公共财政的政策导向还不到位，许多地方政府仍把大量财政资金用于发展生产上；三是欠发达地区产业发展落后，缺乏税源基础；四是中央财政转移支付数量不足或结构不合理，如中央的转移支付中救灾款数量较充足，而医疗救助及最低生活保障补助却不够；五是政府间投入存在博弈，由于缺乏规范的社会保障预算，中央政府和地方政府的分担机制未理顺，社会救助资金的拨付存在上下级政府间互相推卸的现象。另外，由于尚未形成社会化搞慈善的氛围，来自社会的慈善捐款数量还较少。美国 1990 年企业和个人共为慈善事业捐出 1230 亿美元，相当于全国 GNP 的 2.2%，而我国 2008 年社会捐助款只有 479.3 亿元，我国社会捐赠无论总量还是占 GDP 的比重都与其他国家存在巨大的差异。

（四）保障标准缺乏科学性，确认保障对象缺乏机制

在我国现有的低保制度中，保障标准居于其中的核心地位。

---

① 段玉恩，郭斌. 农村居民最低生活保障制度实证研究——以山东省自然村为例[J]. 山东社会科学，2011(10).

低保制度中的一些重要数据都是根据农村社会的经济情况以及现有救助标准确定的，例如，低保人数、救助水平和救助资金等。各个地方在制定低保标准时往往是根据其基本需求状况做出的，其中包含了一些人为因素。在这个过程中利益机制受到一部分群体的控制，各个地区的利益机制表达不是非常健全。

另外，低保标准制定的动态调整机制尚不健全，一些地区权限规定不够合理。低保标准制定的一些县、市、区政府，他们虽然能够根据当地的情况进行调整，但是也存在一些人为因素的干扰，造成了“随意上调”或“该调不调”两种情况的发生。

农村低保是一项选择性的社会救助政策。我国各个地方政府对其管理尚且不够健全，缺乏一些必要的辅助措施，例如居民档案和征信管理。我国政府缺乏对居民进行经济状况调查的权力和能力。在低保对象的确认上，主要依靠申请人的收入证明。管理人员无法根据证明做到入户调查和取证，缺乏必要的评议手段。一旦低保对象和村委联合造假，其中的问题将难以查证。从当前的社会反映来看，这些问题是确实存在的。一些个别人确实存在冒领和“搭便车”的问题。这些问题就显得整个低保制度建设不科学不准确。当前，我国很多方面的信息都不能实现联网查询，例如居民的存款信息、证券信息、房产信息等。这些就给经办人查询个人的状态造成了较大的难度。

（五）低保制度相关配套政策缺乏

当前我国的最低生活保障制度过于单一，大多是从居民的生活需求上采取经济救助的措施，其他方面的配套政策相对来说比较缺乏。从最低生活保障制度的意义上来看，最低生活保障顾名思义就是为了保障居民的基本生活。而对居民来说，仅仅有经济方面的救助，显然难以有大的生活改观。从农村的实际出发，造成农村居民生活困难的原因是多方面的，主要有医疗、教育、灾害等。这些方面的问题仅仅依靠最低生活保障难以解决。对于农村的困难群体，要使其彻底脱贫，摆脱生活困难，关键是要从多个方面共同入手进行解决,例如,教育扶贫、医疗扶贫等。针对这种情况,各个部门要协同作用,切实发挥村委会的责任,分析困难群体困难的原因,采取多方面的措施帮助困难群体。

另外,家庭困难的现象是突如其来的,往往超乎常人的预料。在这种情况下,村委可以考虑建立生活风险应对基金,应对村民发生的突如其来的困难,或者采取其他方面的措施帮助困难群体快速从生活问题中走出。

(六)非政府组织参与不广泛

通常人们以为社会救助是政府的责任,毕竟政府是社会救助的主要组织者,社会救助的资源主要是由政府出面筹集和分配的。但是,如果深入地看,社会救助的实质是社会互助,是一部分社会成员帮助另一部分社会成员,政府不过在其中发挥了重要的中介作用而已。一个社会的救助体系是否完善、社会救助的水平是否适当,从本质上看,是与这个社会的公民的社会互助意愿密切联系的,取决于这个社会的成员愿意从自己的钱包中、从自己所拥有的物品中、从自己可以支配的时间中拿出多大部分帮助他人。按照这一本质要求,非政府组织应广泛参与农村社会救助工作,但当前我国的实际状况并非如此。虽然我国自从开展经常性的社会捐助活动以来,非正式的社会互助机制正在发挥越来越重要的作用。但是,根据民政部发布的数据,社会力量在农村贫困群体救助中并没有得到充分运用,在公众捐赠的激励机制建设方面,在捐赠款物的储存、保管、变现以及分配方面,在“人人为我、我为人人”社会风气的营造方面,目前仍然还有很多工作要做,民间的捐助潜力仍然有待发掘,捐助款物的救助作用还有待继续强化,非政府救助服务组织的培育还有待加强。

(七)救助资源整合不到位

现行的社会救助制度同其他社会保障制度一样,由于受政治体制改革滞后的制约,在执行中出现了“多龙制水”的状况,“各吹各的号，各拉各的调”，工作不能形成整体合力。具体来说，就是在宏观管理上缺乏统一而集中的管理，没有设立权威性的管理机构，导致农村社会救助缺乏统一的发展规划和工作规范。在现实执行操作中，几乎所有涉农部门都参与了农村贫困救助工作，但都没有齐心协力来共同完成这一惠及数千万人或数百万人的“民心工程”。在具体执行上，依靠基层政权组织及群众性管理组织的分级分类负责体制没有被提升到议事日程上来，而是“铁路警察，各管一段”。各级各地区社会救助事务的管理、执行、监督疏漏众多，离建成分工协作的社会化、法制化的农村社会救助网络体系还有很长的一段路要走。

（八）部分基层社会救助机构工作力量薄弱，管理、服务不规范

我国各地社会救助工作发展很不平衡，部分地区，尤其是欠发达地区，基层社会救助工作力量薄弱，人手不足，在社会救助的过程中存在经费较少甚至不足的情况。一些物质资源和设施也相对滞后。管理上也存在服务不规范的现象。这些问题都造成了我国农村社会救助的困难，导致我国社会救助在资格审查、保障对象确定、资金发放、标准执行等方面存在多重问题。这也间接使人们形成了我国社会救助管理不公正、不合理、不透明的印象。

三、完善农村社会救助制度的建议

（一）转变农村社会救助的指导思想，积极推进农村社会救助工作

农村社会救助是我国农村经济社会发展中的一项重要内容，要推动农村社会救助事业的发展，必须从思想上破除一些不正确的认识。

要破除农民要为自身陷入生活困境负主要责任的思想，增强

政府发展社会救助事业的责任意识。在我国农村仍存在大量的贫困人口，这些人要么是身居地理环境恶劣、交通不便的山区、林区、库区及荒漠化地区；要么是自身缺少文化，难以在社会上找到谋生的职业；要么是遭受自然灾害、因病而致贫；要么是遭受不公正的待遇而难以同社会的其他群体展开正当竞争；等等。在这众多的致贫因素中，既有自身的因素，更有社会的、自然的、经济的与政治的因素，这都是个人所无力抗拒的。政府作为社会的管理者及社会服务的提供者，有义务通过社会救助措施来弥补因经济社会因素给部分社会群体所造成的不当伤害。

要增强给予农村居民社会救助是农民应有的权利，而非政府的恩惠的意识。农村贫困农民获得社会救助是农民的一项基本权利，这种权利的正当性一方面来自部分农民陷入生活困境是因为社会的因素，而不是个人的因素，这一点上面已有论述，既然是社会因素使其陷入生活困境，国家就应当予以补偿；另一方面是来自人的生存权，人的生存权是人类社会的一个重要特征，生存权的形成是源于人们的社会契约，人类社会是一个风险社会，人人都有可能面临变故，在公民社会中，由社会，主要是通过政府来对这些陷入风险的人提供帮助是社会的共识；再者说来，社会救助的资金来源于公民的纳税，而非某个当政者自掏腰包，政府没有权力将给予农民的社会救助视为它们基于受救助者的一种恩惠。

要破除社会救助是一种社会消费支出，不利于做大蛋糕的意识。社会救助中是有些项目只具有社会消费的性质的，如针对老年人的生活、医疗救助等，但是也要看到许多救助项目，如针对劳动人口的医疗救助、灾害救助、生活救助等是兼具消费性与投资性的。这些项目的支出，本身是在进行一种人力资本的积累，对经济发展具有正的外部效应，同实物资本投入一样，可以促进经济的增长，只不过见效的速度和力度不如实物资本投入而已。因此，单纯从增长的功利性目的来讲，发展农村社会救助事业也不会影响区域经济发展的步伐。当然，如果从发展的本质上讲，大力发展农村社会救助事业本身就具有正当性，它是发展本身就包括的内容。在实践中，许多地方政府有意识或无意识的将经济增长与经济发展等同了起来，认为经济发展就是经济增长，搞社会救助不利于经济增长，因而推动社会救助事业发展的积极性不够，这是不正确的。

对农村的社会救助应从被动的救助转向发展型的救助。社会救助在本质上是临时的救济，它比较强调给予。然而，当受助对象的问题并不是迅速可以解决进而需要相对持续的救助时，将发展因素纳入救助就是应该和必需的。比如对陷入生活困境的有劳动能力的农民来说，通过提供技术、资金或劳务支持帮助其发展生产，或者通过就业培训帮助他们获得一种谋生技能应该是紧密联系的。这样，在救助中加入促进其能力发展的内容，对于帮助其走出困境就更加有效。发展型救助方式在国际上有两种典型的救助方式：一是小额信贷；二是个人发展账户。小额信贷起源于孟加拉国的乡村银行，简称 GB 模式。在该模式中成千上万的低收入者和贫困人口根据小额信贷特殊的组织要求组织起来，通过增加资产积累资金，获得了自我生存和发展的能力。个人发展账户，是以取款配额为主要资助形式的储蓄项目，它主要面向贫困者，通过配额形式得到等量或高于其储蓄额的资助配额。这些资助配额被限定于特定的目的，包括参加教育培训、购买住房、启动小型经营项目等。

（二）完善农村社会救助体系，规范与整合部分救助项目

农村社会救助应是一个完整的救助体系，既应包括生活救助，也应包括医疗救助、教育救助、住房救助、法律救助、灾害救助等，这是陷入困境的农民在生产生活中所具有的需求多样化的特性所决定的。当然，救助项目的完善需要一个过程，它受经济发展水平及社会救助能力的制约。目前，我国许多地区都提出了逐步构建以最低生活保障为基础，以养老、医疗、教育、住房等专项救助为辅助，以其他救助、救济和社会帮扶为补充的完善社会救助体系的基本原则，这是符合我国客观实际的。在推进农村社会

救助体系的建设中，一要加快救助项目建立步伐，已经具备条件的地区要积极拓宽救助项目，暂时不具备条件的地区，也要通过向上争取支持，鼓励社会兴办等方式，创造条件将一些必需的救助项目建立起来。二要根据地区实际，确立本地区应建立的社会救助项目，明确救助项目建立的优先顺序。比如对一些劳务输出较多的地区，是否应考虑设置劳务输出救助，对于生态环境恶劣，需要治理的地区应考虑设置生态救助，比如针对因治沙、治水等需要而不能整体搬迁的村民，开展“一揽子”的生态救助活动。为了把有限的资金用在刀刃上，要结合地区实际确立优先建立的社会救助项目，比如，子女就学问题突出的地区，应优先考虑教育救助问题；农村危房问题突出的地区，应集中资金分批次开展危房改造工作。在完善农村社会救助体系的工作中，中央政府应承担更大责任，因为许多救助项目具有外溢效应，地方开展的项目，本地并不一定受益，好处可能被外地得了，如教育救助、技能培训救助等。

由于农村社会救助项目设立不是“一揽子”式的，各救助项目之间缺乏有机的衔接与配合，存在重复补助以及漏补的情形，在农村社会救助体系的完善过程中，要加以适当规范和整合。比如，农村的“五保”制度与其他专项制度之间的关系问题。农村“五保”制度在保障标准上一般要高于专项制度，但实施中也有不规范性。单独设立这样的制度，存在一些问题，比如，带有歧视性，同样贫困的农民有的人“五保”，有的进低保；增加管理与运行成本，多套制度同时运作，必然要设立对应的管理机构，增加不必要的开支。可考虑在适当时机，逐步将“五保”制度并入农村各专项救助制度中来，以减少层次性、减少因制度过于复杂而产生的重复补助以及漏补的情形。对于在低保制度建立期间采取的一些过渡性的救助措施，比如定期定量救助，也应纳入低保制度。同时，要明确各救助项目的性质，不能把常规性救助与临时性救助相混淆，留此去彼。

（三）优化制度设计，提高救助效果，增强社会救助的瞄准能力

优化社会救助制度设计中的首个要项是救助标准的确立。

在我国,农村居民的生活救助、医疗救助及其他救助项目中都普遍存在救助标准偏低、救助条件过于严苛等问题,影响了社会救助的效果。比如,在贫困标准确定上,联合国粮农组织将恩格尔系数作为衡量一个国家或地区富裕程度的标准,恩格尔系数在59%以上为贫困,而我国农村贫困线所对应的农户食物消费支出达到85%,与联合国粮农组织所确定的59%的临界线偏离较远。另外,同联合国所确定的人均每天1美元的贫困标准也差距甚大。再有,在贫困标准设计上没有考虑个人及家庭状况,如是否有残疾人、孕妇、育儿期妇女等因素。

我国在农村贫困人口生活救助标准的确立上,应考虑高于绝对贫困线。从国际经验来看,界定贫困标准的线大致有两条:一是绝对贫困线,以保证贫困家庭及个人的基本生活需求为主;二是相对贫困线,以保证贫困家庭与个人在保证基本生活的前提下,能有参与社会生活,获得一定发展的能力。前者以每人每日获得2100大卡热量的最低营养需求为基准,后者大约相当于国民平均收入的一半。以绝对贫困线作为低保标准一般来说是适用于不发达国家的,由于国家及社会救助能力有限,不得不以保活为基本目标。但是随着经济的发展,对贫困的救助若仅仍以保活这一狭隘目的作为追求的目标就不适宜了,这时对贫困的救助应以使受助个体能共享社会发展成果,自身获得一定的发展,同时增强个人或家庭融入社会,增进社会和谐为目标。这也是社会救助是一项基本人权这一本质所要求的。我国这些年来经济高速增长,已进入发展中国家的中上等行列,在对贫困人群的救助上虽然不能像发达国家那样,以相对贫困线来界定贫困人口,但也应跟上经济发展的步伐,适当提高救助标准。各地在制订具体标准时,应精心挑选进入贫困线测算的"一揽子"商品项目,体现地域特点,适应当地的需要。另外,在贫困线的确定上应考虑逐步以家庭为单位,使救助金可以得到有效使用,节约支出,同时,也应考虑对家庭或个人有特殊情况的贫困人群给予其他形式的救助以弥补纯生活救助的不足。

甄别应救助的人群，确定哪些人应受救助、哪些人不应救助、受救助程度如何，以确保救助资金的有效使用是目前我国农村救助制度发展面临的一个难题。解决这个问题，必须尽可能设计多项筛选指标，如根据收入流、资产状况确定是否应入围受救助范围。同时也可以设计一些排除选项，将一些不适宜的人群排除在外，避免“养懒汉”“揩油”现象出现。还要通过深入社区调查、邻里访问、信函索证、社区评议和公示，通过多部门协作等方式以获取正确信息，确保应保者都受到保障。近年来，湖北房县在社会救助实践中对此进行了一些探索，具有借鉴意义。房县的做法：①民政局与公安部门建立人口信息比对机制。每年5月，县低保局将各乡镇上报的城乡低保对象、“五保”对象的救助信息传送到县公安部门，户籍科根据每个救助对象的基本情况对照全国人口信息网比对户口性质、家庭人口、文化程度、身体状况等情况，在7月底，将比对情况进行反馈。有关部门根据反馈的信息，来综合评定家庭收入，划分救助类别，确定受救助人群。②民政局与车管部门建立机动车辆信息比对机制。县低保局根据每年低保人户核查和群众反映情况，对全县城乡低保对象进行筛选，将城乡低保三类对象和群众反映超生活标准的对象与车管部门进行比对，当年购置摩托车和家有小轿车、客车、货运汽车的由低保局直接取消低保救助。③民政局与财政部门建立行政事业身份比对机制。县低保局与县财政编制公开网进行对接，对城乡低保对象的家庭成员信息进行比对，清查城乡低保对象家庭成员中是否有行政事业单位在编在岗人员，农村低保对象中享受退耕还林、粮食直补等优惠政策，以便准确核定救助对象的家庭收入。④民政局与银行部门建立信用信息比对机制。城乡低保金代发银行根据县低保局提供的救助名册，重点比对救助对象的个人存款、银行信用等级、救助金是否领取及时等情况。县低保局根据代发银行比对信息，对个人存款超过家庭年低保标准以上的对象取消低保救助，银行重点对个人信用等级较差、低保金领取不及时和不能开户（一户多存折）的家庭进行重点核查。⑤民政局与房管部门建立住房信息比对机制。房管部门依据低保局调查的城市低保对象的住房情况，对无房户每年发放800元住房补助。低保局根据房管部门的房产证、建房手续等信息，比对城乡低保对象中在三年内新建住房或购买商品房和一户多房、门面等房屋情况，确定是否超出城乡低保标准，及时清退超标对象。⑥民政局与人社部门建立就业比对机制，以确定居民就业信息，为确定城乡低保对象的家庭收入，为按标施保奠定基础。⑦民政局与居住地建立个人生活水平比对机制。借助于居住地村（居）委会，组织党员干部和群众代表召开的“一会两票”会议机制，对个人提供的救助信息进行比对，来确定应受助人员。

（四）完善救助资源供给系统，拓宽救助资金的来源渠道和数量，提高救助效率

建立有效的救助资源供给系统，是建构新型农村社会救助体系的物质保障。救助资源主要分为现金、实物和服务三类，其供给主体主要为政府、民间和国际社会。资源的短缺和不足目前是制约农村社会救助体系建设的“瓶颈”。只有解决了救助资源开发、整合和配置三方面问题，构建起救助资源的供给系统，才能为救助工作的开展提供坚实的保障。

救助资源的开发首先是要增加政府对社会救助资源的投入。这些年来，国家对农村社会救助的投入虽有一定程度的增加，但仍远不能满足需要。财政投入不足有多方面的原因，首先是在指导思想上政府对农村社会救助的重视程度不够，这一方面是因为农村在国民经济中的地位逐渐边缘化，农村问题的优先性程度相应地会降低；另一方面是因为社会救助制度不属于“积极的社会保障”范畴，它的对象一般是经济活动能力较弱的人口，它在提高人力资本，促进经济发展方面的作用不如其他社会保障项目。这样即便是在政府重视农村社会保障工作的时候，优先考虑的也不是社会救助。其次是现有的财政管理体制将财政收入大头集中到了中央财政，地方财力不足，没有积极性和主动性开展农村社

会救助，即便开展了也因财力不足，使社会救助覆盖面不高，标准较低。最后是财政转型还不到位，财政用于经济建设的开支仍占财政支出的很大比例，再加上高额的维持政府运作的行政管理费用，用于社会事业方面的开支就显得捉襟见肘。因此，要使财政对农村社会救助的投入有显著的增长，必须在指导思想、财政管理体制与财政转型上着手。政府部门必须切实重视农村社会救助工作，将其提高到建立和谐社会与实现科学发展的高度。改革现有财税管理体制涉及面很广，短期内不可能实现，现实的选择是改进中央对地方的转移支付制度，可考虑根据事权与财权相匹配的原则，改革原有“基数法”，而采用“因素法”，即以事权的大小确定转移支付的规模，以保证地方有能力有效开展行政事务。要尽快完善财政在经济领域的“渐退机制”和对社会救助的“渐入机制”，建立起真正的与社会主义市场经济相适应的公共财政体系。

我国民间救助同国外相比差距很大，民间资源开发还有巨大空间，今后应当从增强企业与个人的社会捐赠意识，改进社会捐赠税收优惠措施，大力发展民间慈善组织，以及加强对慈善组织的监管，增强慈善组织的公信力等方面着手，壮大民间救助力量与救助资金来源。从当前的社会运行情况来看，我国国际救助资源的开发远远不够。联合国相关文件规定，发达国家有向发展中国家进行无偿援助的义务。从实际实施情况来看，各个发达国家向发展中国家进行社会救助的措施或多或少，情况不一。针对于此，我国应进一步加大宣传力度，积极争取各国针对我国贫困地区的社会救助，向我国引入国际社会救助的资源。我国当前的社会情况还没有完全为发达国家社会所了解，我们必须向他们宣传一个真实地中国。

整合社会救助资源，不仅是要拓展社会救助资源，还要进行社会救助资源的分配与使用，使资源能够引入到我国最需要的一部分地区。当前我国社会救助资源的来源主要有六个方面，分别是政府的财政投入，这一部分主要是常规的资金投入，目的为应对社会困难群体和重大自然灾害的需求；福利彩票公益资金，这一部分主要为民政部安排，同财政投入一道应对社会困难群体的需求；慈善募捐基金；政府各部门、团体的政策性优惠措施；社会临时性救助措施；志愿者社会服务。针对我国的需求救助资源的总量仍显不足。基于此，救助资源管理要围绕农村特殊困难群体进行资源整合，理清救助重点，提高救助资源的使用效率。这个问题的解决需要社会各个部门的共同参与。

社会救助资源的配置涉及两个方面，一方面是国家总体救助资源配置，也就是财政部投入和民政部福彩收入的配置问题，主要涉及运用多少资金进行社会救助的问题；另一方面是救助资源本身的配置，也就是救助资源使用的合理性问题。从国家层面看，我国需要投入更大量的民政资金，救助资源需要更加倾向于中西部地区，侧重于资金效益的提升。从我国社会的发展经验来看，对于资金来说，只有配置方向正确，配置的效果才能得到有效保障和提高。从社会救助的需要看，社会救助资源的配置必须坚持扶贫济困的基本方向和原则，切实和困难群众的需要结合起来。

（五）建立健全农村社会救助法律、法规，为农村社会救助工作的开展保驾护航

我国社会救助在法律层面上还停留在条例、办法、决定与通知的水平上，可以说现在还无法可依。也就是说，我国社会救助的法律相对来说较为缺乏，尚未形成完备的社会救助法律体系。各项法律法规仍旧不够健全。在这种情况下，我国农村救助工作大多还依赖于地方政府领导人的认知和经验，总体上存在一定的随意性。农村社会救助的制度化建设也会大打折扣。

当前，我国正在酝酿出台《社会救助法》，通过法律措施指导我国城乡开展社会救助工作。这部法律将会对城乡低保制度、灾害救助制度、城乡五保制度以及相关方面的配套措施做出全面规定。《社会救助法》作为一部法律明确了各方在社会救助过程中

的责任，确定了社会救助中原则、体制、保障和标准，甚至对于具体措施也提出了详细的要求。因此，从这个角度看，这部法律的出台对于我国农村社会救助事业的发展来看，将会起到十分重要的作用。这里希望国家在认真调研的基础上，早日出台《社会救助法》，为农村社会救助工作的正常开展保驾护航。

（六）理顺农村社会救助管理体制，加强社会救助监管，提高服务递送效率

农村社会救助涵盖众多救助项目，涉及众多部门，必须理顺管理体制，搞好工作衔接。要明确部门主管、部门设置，明确部门分工及各自职责，避免职责不清、工作推诿、重复工作、重复救助等现象。从一些地区的实践看，建立“政府主导、民政主管、部门联动、社会参与”的管理体制，有较好的管理效果。“政府主导”就是指政府要发挥自身在社会救助工作中的组织和综合协调作用，出台相关的方针政策和措施办法；“民政主管”就是指民政部门作为社会救助的主管部门，要发挥其归口管理作用，具体组织、协调社会救助工作的展开与落实；“部门联动”要求各部门要履行好自己的职责，根据救助工作的总体部署和统一要求，在本部门的职责范围内开展相应的救助工作；“社会参与”就是要积极发动、动员社会各方力量，形成社会救助的合力，共同做好农村的救助工作。

农村社会的救助工作的顺利运行，离不开严格且有效的监管。完善农村社会救助工作的监管机制要从以下几方面着手：一是出台单项社会救助制度的操作规范、管理规章和实施细则。二是努力提高社会救助工作的公开性和透明度，按照政务公开的要求，及时向社会公布社会救助政策的相关规定以及办事项目、办事程序以及资金安排、分配和管理使用情况。健全社会救助政策执行过程中的民主评议、张榜公示等公开措施，增强群众的信任感和认同感。三是切实加强社会救助资金的管理使用，做到专户存储、专户管理、专款专用，确保各项救助款物及时足额地发放到救助对象手中。四是建立对社会救助工作实施情况和实施效果进行定期检查评估的工作制度，将检查评估结果纳入政府目标考核体系，作为党政部门和干部政绩考核的重要内容，完善和落实相关的奖惩机制。

（七）大力发展农村民间组织，助推农村社会救助工作的开展

新公共管理理论认为，民间组织与政府的关系是合作伙伴，而不是敌对的互相抑制的关系。民间组织可以承担一些社会公共事务的责任，做成政府无法做到或做不好的事情。目前在我国农村，社会发育不充分，没有政府的介入，农村社会救助难以实现。但单有政府搞社会救助，也有局限性，它无法把其职能延伸到农村家庭内部，而农村民间组织在这方面可以弥补政府的缺失，成为政府的有力助手。具体来说，农村民间组织在农村社会的救助工作可以从以下几方面发挥作用：①能够提高政府救助资金的利用率。在政府开展的扶贫活动中，政府往往以分散的形式将救助资金提供给农户或救助对象，使救助资金呈现分散性、小额性特点，难以形成规模效应，制约了救助资金应有的社会效能的发挥，又使政府救助资金的使用缺乏应有的监管，农村民间组织可以将救助对象在自愿平等的基础上联结起来，开展合作与互助，积极引导救助资金的正确使用，形成救助资金的规模优势，提高救助资金的整体使用效能。②农村民间组织能够大力推进政府科技扶持。科技下乡、科技扶农也是农村社会救助制度中的一种形式，但要使农业科技真正为广大农民所把握与应用，还需要大力推介与传播，农村民间组织可以在这方面发挥作用。③农村民间组织能够弥补政府的伦理不足和公益缺失。我国农村人口众多、社会生产力相对落后，需要救助的人群很多，受人力、物力和财力的制约，政府在广大农村的救助还不能满足救助人群的需要，仍然留有救助盲点，存在伦理不足和公益缺失现象。农村民间组织，如农村的老年协会、妇女理事会、离退休干部理事会、志愿者群体等民间组织，可以对因病、因灾、因残、因老、因孤等原因

造成生活困难的人开展慈善、捐助、扶持等多种形式的社会救助。这些救助不仅能使生活困难的人渡过难关，增强生活的勇气和信心，而且可以增进村民之间的团结和信任，加强人们之间的人文关怀。在一定程度上弥补政府的伦理不足和公益缺失。④农村民间组织弥合了公共部门和非公共部门的割裂。具体表现在，民间组织可以通过向广大村民宣传国家福利政策，使村民领会国家福利政策的宗旨、原则和内容，解读国家有关政府救助的法律法规，增强村民对救助法律法规的理解与把握，使他们自觉地开展与政府救助相配套的社会互助，从而增进政府救助的效能；另外，农村社会组织可以依据农村社会的实际情况，直接协助政府实现具体救助项目的落实，推动与政府救助相关的社会互助，为政府救助的实施创造条件。⑤农村民间组织反映社会互助诉求，以政府救助促进社会互助。⑥农村民间组织可以畅通政情民意，避免政府救助与社会互助的脱节。

现在农村的民间组织发育还很不充分，存在数量少、规模小、组织不稳定等诸多问题，要积极鼓励农村民间组织的发展，为它们创造宽松的政策环境，以农村民间组织的发展带动农村社会救助的发展。

第五章 农村社会福利体系构建与完善

农村社会福利与优抚制度是我国农村社会保障制度的组成部分，它关系到农村人民的物质生活和精神生活。如何提高农村人民的生活质量，社会福利与优抚制度起着关键的作用。加强我国新型农村社会福利与优抚制度的建设是现在社会发展的必然过程，只有完善了农村社会福利与优抚制度，才能实现国家的共同富裕的目标。

第一节 农村社会福利体系的主要内容

农村社会福利是农村社会保障体系的重要组成部分。在我国，农村社会福利是指政府或者社会力量为全面提高农民的物质、文化生活水平和质量，缩小城乡差距，而对农民进行帮助和扶持。

一、农村社会福利制度

农村社会福利制度主要从以下几个方面进行理解。

（一）农村社会福利事业的领导者

中国共产党是我国农村社会福利事业的领导者。中国共产党不仅是中国工人阶级的先锋队，同时也是中国人民和中华民族的先锋队，是中国特色社会主义事业的领导核心，代表中国先进生产力的发展要求，代表中国先进文化的前进方向，代表中国最广大人民的根本利益。我国的农村社会福利事业必须始终坚持党的领导。

（二）农村社会福利的享受者

农村社会福利的享受者是广大农民。有些福利是为全体农民提供的，有些福利则是为特定的农民群体提供的。比如，农村的医疗卫生福利、农村教育福利、农村文化福利等，是为全体农民提供的；农村老年人福利、农村未成年人福利、农村残障者福利和农村妇女福利则是为农村老年人、未成年人、残障者以及妇女等特定群体提供的。

（三）农村社会福利的推动者和实施者

中央人民政府和地方各级人民政府以及一些社会团体是农村社会福利事业的推动者和实施者。对政府部门来说，中华人民共和国民政、教育、卫生以及水利、交通、建设、通信、能源、环境等部门共同推动农村社会福利事业的发展。对社会团体来说，慈善机构、妇联、残联、农村团组织等社会团体与我国农村社会福利事业关系密切。

（四）农村社会福利的目的

农村社会福利的目的是全面提高农民的物质、文化生活条件，建立并维护良好的农村社会关系，建立并维护良好的农村社会秩序，逐步缩小城乡差别，维护和促进国家和社会的和谐与稳定，促进以共同富裕为价值目标的社会主义本质的实现，实现美好的社会主义的社会理想。

（五）农村社会福利的内容

农村社会福利的主要内容是政府或者社会力量为广大农民提供的物质、文化帮助措施。具体来说，农村社会福利的内容主要包括：农村教育福利、农村医疗卫生福利、农村文化福利、农村老年人福利、农村未成年人福利、农村残障者福利以及农村妇女福利。

二、农村社会福利制度的内容

(一)农村教育福利

农村教育福利，是国家在农村发展的公益事业，是国家为成人农民及其子女提供教育上的援助和支持。农村教育福利事业的主要内容包括农村基础教育(包括农村义务教育和扫除青壮年文盲)、农村成人教育、农村职业教育等。

1.农村义务教育

农村义务教育是指农村适龄儿童、少年有权利接受，并且必须接受的，由国家、社会、学校、家庭给予保障的国民基础教育。根据义务教育法的规定，国家、家庭、学校和社会要对义务教育的实施给予保障。各级人民政府及其有关部门应当履行本法规定的各项职责，保障适龄儿童、少年接受义务教育的权利。适龄儿童、少年的父母或者其他法定监护人应当依法保证其按时入学接受并完成义务教育。依法实施义务教育的学校应当按照规定标准完成教育教学任务，保证教育教学质量。社会组织和个人应当为适龄儿童、少年接受义务教育创造良好的环境。

2.农村成人教育

农村成人教育是指由政府和社会力量组织实施的、以提高农村成人思想政治、道德素质和科学文化素质为目标的教育事业。农村成人教育是我国农村教育体系的重要组成部分，是构建终身教育体系、建设学习型新农村的重要内容，承担着提高农村成人思想政治和科学文化素质，促进农村经济社会发展的重要任务。大力发展农村成人教育是落实科学发展观、实施科教兴国战略和人才强国战略的重要措施，是适应我国实施现代化建设第三步发展战略新形势，解决农业、农村、农民问题的必然选择。

3. 农村职业教育

农村职业教育，是由政府和社会力量组织实施的、以农村职业高中、职业中专以及多种形式的职业技能培训中心为主要阵地，主要以农村中、小学毕业生、农村青年为对象的职业技术教育事业。农村职业教育是我国农村基础教育、农村成人教育、农村职业教育"三教统筹"的重要组成部分，是农村经济社会协调发展的重要基础，是解决"三农"问题的重要途径。

（二）农村文化福利

农村文化福利是指国家和社会力量对农村公共文化建设和农村群众文化活动给予帮助和支持。农村文化福利的内容非常丰富。国家帮助在农村兴建文化娱乐室、图书室等文化活动场所、站点；国家帮助举行各种各样的农村民间艺术活动、农民运动会、农村体育竞技活动；国家帮助满足农民对电影、电视、戏曲、书籍的需求；国家引导文化工作者深入乡村，满足农民群众多层次、多方面的精神文化需求等，都属于农村文化福利的内容。农村文化福利的内容还包括，国家动员社会力量支持农村文化建设。例如，国家引导社会力量进行"文化、科技、卫生三下乡"活动，引导社会力量捐助农村文化事业，国家组织大学生农村志愿活动等。

发展农村文化福利，加强农村文化建设，是全面建设小康社会的内在要求，是建设社会主义新农村的重要内容，是解决"三农"问题的一个重要着力点，并且具有现实紧迫性。党和政府非常重视和支持农村文化事业。近年来，党和政府采取一系列政策措施，着力推进农村重点文化工程建设，积极组织和帮助农民举行各具特色的农民文艺和体育表演活动；积极开展送文化下乡、送戏下乡活动，援助农民建立文化、体育设施；积极培育农村文化市场，广泛开展文化科技卫生"三下乡"，使农民群众精神文化生活得到改善，农村文化建设呈现较好的发展局面。

（三）农村医疗卫生福利

农村医疗卫生福利事业是农村社会福利事业的重要内容。农村医疗卫生福利，是指国家和社会力量对农村医疗卫生事业提供帮助和支持。农村医疗卫生福利事业的主要内容包括：国家帮助在农村开展广泛的爱国卫生运动，集中力量消灭严重影响广大农民身体健康的各种疾病，做好农村动植物检疫工作和环境卫生工作；国家帮助建立农村合作医疗制度；国家为贫困农民建立医疗救助制度；国家引导社会力量对农村进行公益性质的医疗卫生服务，如红十字会对农村艾滋病患者以及患其他严重疾病的农民的医疗援助等等。

发展农村医疗卫生福利事业是落实科学发展观的必由之路，是全面建设小康社会的必然要求和重要内容。党和政府历来重视农民健康问题，重视发展农村的医疗卫生事业。新中国成立后，党和政府领导人民群众在农村进行了颇具规模的农村卫生革命，取得了突出的成绩。主要表现为，抑制了传染病、寄生虫病和地方病的流行；农村人口死亡率，尤其是婴儿死亡率大幅度下降；农民的平均预期寿命迅速提高。近年来，农村医疗卫生工作不断进展。2005 年，中央安排 30 亿元国债资金支持中西部乡镇卫生院建设，改善农村医疗卫生条件；大力推进新型农村合作医疗制度试点工作；加强艾滋病等重大疾病防治；高度重视高致病性禽流感疫情防控工作，有效遏制了疫情蔓延和对人的传播。

（四）农村妇女福利

农村妇女福利是指国家和社会在物质、文化生活、教育、医疗卫生等各方面为农村妇女提供帮助和支持。国家和社会发展农村妇女福利的目的，是解决农村妇女在物质、文化生活、教育、医疗卫生等各方面存在的困难，促进她们的身心健康发展，促进农村经济、社会全面发展。农村妇女福利的内容体现在经济、政治、家庭生活、教育、医疗卫生、文化、政策法律、环境等各个方面。

妇女和老年人、未成年人一样，是社会的弱势群体，需要国家和社会给予特别的照顾与帮助。妇女儿童福利事业，尤其是农村妇女儿童福利事业发展的状况，反映着一个国家的文明程度和人权保护状况。党和政府历来重视发展包括广大农村妇女在内的我国妇女福利事业。新中国成立后，特别是改革开放以来，在各级人民政府的高度重视和社会各界的大力支持下，妇女与男子平等的权利和机会不断得到保障，农村的妇女儿童福利事业不断发展。尤其是近十年来，国家更是积极发展包括农村妇女在内的我国妇女福利事业。在农村妇女福利方面，主要表现为：不断改善农村妇女的经济地位和经济状况；保障进城就业的农村妇女的合法权益；缓解和消除农村妇女贫困状况；帮助农村妇女参与农村集体事务的管理；国家不断增加对农村义务教育的投入，改善农村地区义务教育环境；提高农村孕产妇住院分娩率，加强农村妇幼保健工作等。

（五）农村老年人、未成年人和残障者福利

农村老年人福利事业是农村社会福利事业的重要组成部分。农村老年人、未成年人和残障者福利，是指国家和社会对农村老年人、未成年人和残障者的生活、教育、就业等各方面给予帮助和支持。农村老年人、未成年人和残障者福利的内容非常广泛，主要包括：为农村缺乏生活照料的老年人提供基本的衣食住行帮助，提供基本的医疗卫生服务以及提供丧葬服务等；为农村未成年人提供义务教育机会和条件，满足他们的文化生活需求，提供有益于未成年人健康成长的作品，对流浪乞讨或者离家出走的未成年人给予帮助，积极发展托幼事业，办好托儿所、幼儿园，做好农村儿童的疾病预防工作等；发展农村残障者的康复事业、扶贫事业、教育事业、文化体育事业，做好农村残障者的维权工作等。

国家和社会进一步发展农村老年人、未成年人和残障者福利，是促进经济社会协调发展的需要，是促进城乡协调发展的需

要，有助于扩大国内消费需求，有利于计划生育国策的贯彻执行。新中国成立以后，党和政府非常重视农村老年人、未成年人和残障者的福利工作，大力发展老年人、未成年人和残障者福利事业。在农村，普遍建立了乡镇敬老院、福利院，使缺乏子女照顾的农村老人不再穷困和孤单，使缺乏家人抚养的孤儿和残障者得到照料。党和政府还积极帮助解决农村老人的赡养问题，积极帮助协调老年人与子女的关系，积极维护老年人的权利和利益，为广大的农村老人撑起福利的天空。同时，党和政府强调，要发展好包括农村残障儿童、残障成年人福利事业，要关心他们的安危冷暖，要在全社会进一步形成爱护关心儿童和残障者的良好社会风尚。

第二节　我国农村社会福利制度的现状与完善措施

我国针对农村地区所推行的农村社会福利制度虽然取得了一定的成效，但是由于我国农村人口众多，经济发展不平衡，因此当前农村社会福利制度的实行仍然存在着很多的问题。随着我国经济的不断发展，农村社会福利制度也会随之不断发生改变，并最终趋于完善，从而可以更好地满足广大农村社会成员的基本生活需求。

一、我国农村社会福利制度的现状

改革开放以来，党和政府更为重视农民的幸福和福利问题。中共中央、国务院发布了一系列旨在发展农村社会福利制度的文件，为农村社会福利制度的发展进一步指明了方向，极大地推动了农村社会福利制度的发展。近年来，党中央连续发布了旨在解决“三农”问题、发展农村社会福利制度，给予农民幸福的三个一号文件。即 2004 年的《中共中央国务院关于促进农民增加收入若干政策的意见》,2005年的《中共中央国务院关于进一步加强农村工作提高农业综合生产能力若干政策的意见》以及2006年的《中共中央国务院关于推进社会主义新农村建设的若干意见》。三个一号文件从不同方面分别强调了农村社会福利的相关内容,为发展农村社会福利事业注入了极大的动力。比如,2004年的一号文件强调,各地区和有关部门要切实把发展农村社会事业作为工作重点,落实好新增教育、卫生、文化等事业经费主要用于农村的政策规定。2005年的一号文件强调,要进一步发展农村教育、卫生、文化等社会事业。2007年全国农村义务教育阶段,贫困家庭学生都能享受到免书本费、免杂费、补助寄宿生生活费。坚持以农村为重点的卫生工作方针,积极稳妥推进新型农村合作医疗试点和农村医疗救助工作,实施农村医疗卫生基础设施建设规划,加快农村医疗卫生人才培养,提高农村医疗服务水平和应对突发公共卫生事件的能力,加强对艾滋病、血吸虫病等重点疾病的防治工作,推动改水改厕等农村环境卫生综合治理,加大农村重大文化建设项目实施力度,完善农村公共文化服务体系,鼓励社会力量参与农村文化建设等。2006年一号文件强调,要加快发展农村义务教育,积极发展农村卫生事业,繁荣农村文化事业,完善农村“五保户”供养制度等。

此外,党和政府还颁布了《国务院关于进一步加强农村教育工作的决定》《国务院关于深化农村义务教育经费保障机制改革的通知》《关于在全国义务教育阶段学校推行“一费制”收费办法的意见》《国务院关于大力发展职业教育的决定》《教育部关于进一步加强农村成人教育的若干意见》《中共中央国务院关于进一步加强农村卫生工作的决定》《关于建立新型农村合作医疗制度的意见》《关于实施农村医疗救助的意见》《中共中央办公厅国务院办公厅关于进一步加强农村文化建设的意见》《农村敬老院管理暂行办法》《关于进一步做好农村五保供养工作的通知》《民政部办公厅关于实施第三批“星光计划”项目的通知》《中国老龄事业发展“十一五”规划纲要(2006—2010)》《进一步发展孤残儿童福利事业的通知》《关于加强孤儿救助工作的意见》《中国儿童发展纲要(2001—2010)》《中国残疾人事业"十一五"发展纲要(2006—2010)》《民政部关于努力保证农村妇女在村委会成员中有适当名额的意见》《中国妇女发展纲要(2001—2010)》《中国慈善事业发展指导纲要(2006—2010)》等一系列有关农村社会福利建设的文件，不断完善着我国农村社会福利事业的政策体系。

二、完善我国农村社会福利制度

农村和城市的社会福利制度应该是一个整体，在许多发达国家(包括中国的香港特别行政区)，并没有区分农民和城市居民，也没有社会福利待遇方面的城乡差别。在我国发达地区的城市，如上海市和广州市，在新的社会福利体系创建过程中，已经逐步将农村和城市的社会福利统一规划。鉴于我国目前地区发展不平衡的现状，要将城乡统筹的社会福利制度一步到位地建成也是不太可能的；但是，在构建农村新型社会保障体系过程中，其福利制度的框架应当尽量与城市相一致，以便于将来与城市接轨，最终建成城乡统筹的一体化的社会福利体系。

农村新型社会福利制度涉及三个层面：一是国家福利制度，指国家的相关政策和法规；二是正式的社会福利制度，指农村社会福利制度的具体内容；三是非正式的社会福利，指在正式福利制度之外、也产生福利效应的一些习惯、传统。

(一)国家福利制度

国家负责承担收入和服务的转移，这种收入和服务的转移是通过税收完成的。国家对保障福利提供起到强制而有效的干涉作用。在这一层面，国家福利制度意味着国家的主体责任。国家在社会福利体系中负责制定全面福利计划(包括农村社会福利发展规划)，协调非营利组织、就业机构、非正式的和私人的福利，并直接提供某些福利服务。国家福利已经和宏观经济发展结合成为一种宏观经济福利政策，和公民权结合成为一种理想社会的模式，和国家管理结合成为现代国家的一个构成因素。

国家在制定社会福利制度时要兼顾公平与效率，兼顾高层与社会底层，兼顾地区差异、城乡差别，还要兼顾公民对福利的自主选择。社会福利社会化，并不意味着政府责任的消失，而是在政府主导下社会福利责任的合理分配。“在社会福利社会化改革过程中，政府部门虽不再是唯一的福利部门，但是作为主要部门和主导部门，在政策制定、制度设计、费用资助、资源整合、人员培训等方面发挥主要或者主导作用，减少其对福利服务运作过程的过度干预，由直接介入福利服务的具体业务转向间接规划、引导、支持和监督。”

具体而言，政府的责任主要有以下几方面。

1. 主导责任

主导责任，是指政府在社会福利社会化中负有主要责任和导向引领作用。政府要立足当前，着眼于未来，把握全局，统筹兼顾，使福利事业社会化、监督民主化。将有关的社会福利机构、社会福利事业纳入国民经济发展的整体轨道；政府率先扩大资金投入范围，多投入、办实事，支持社会福利事业顺利发展；激励和号召社会各界从事社会福利社会化活动。以政策扶持为保障，采取多种形式，开拓多种渠道，形成社会福利社会化的纵横网络，鼓励和动员社会团体、个人、企业和海外华侨组织等，踊跃投资兴办社会福利事业；设计出台具体的监管方案，保证社会福利工作沿着健康正确的道路发展；建立防范机制，预防并杜绝社会福利管理人员的不法行为。

2. 监管责任

社会福利事业的投资，已由政府单一主体扩大为多元投资主体。投资主体多元化和管理机构多样化，并不能代表福利服务机构都能从社会福利最大化的角度出发，以维护社会公平为主要责任。相反,在部分私营福利机构中出现了以谋取私利代替提供福利的现象。比如儿童福利院本应发挥其社会救助、保障的功能,然而少数儿童福利院却演变为营利机构;不仅如此,有些以营利为目的的所谓福利机构,还向国家诈领抚养资金。这些问题的存在,反映了政府监管责任的缺失,不仅损害了社会福利事业的形象,而且给国家带来了不应有的损失。

监管责任即监管职能,主要涵盖两个方面:第一,管理职能,主要包括管理制度、管理措施和运行程序。第二,监督职能,政府出台的政策要由政府监督社会团体和市场条件下的企业贯彻、落实、执行。政策落实的好坏,直接影响到政府的形象,如果出台的政策监督机制不健全,则会使该政策受益者得不到利益或不能完全得到实惠,从而对社会福利社会化事业造成负面效应。

3.政策制定与完善的责任

政策是推进社会福利社会化的有力手段。好的完善的政策能有效地促进社会福利社会化;不完善的政策会滋生诸多问题,甚至阻碍社会福利的良性发展。因此,政府制定政策要周密思考,反复论证,尽量避免负面的不良效应。社会福利的政策也不是一劳永逸的,在政策实行过程中要进行追踪调查,发现问题要及时对其进行修订完善。否则,容易出现政策与资源不匹配、政策与监督不同步等现象。

根据国情,社会福利制度应当分地区设立不同标准,分层次不断稳步推进。不同地区的经济社会发展水平不同,不同消费层次的人群对福利的要求不一样,满足感也不一致。各个地区在国家宏观政策的指导下,要根据自身特点,因地制宜,利用不同的地区政策来调节。经济发展水平较高的地区,可将福利项目作为产业产品来发展福利产业,将税收用于落后地区福利事业的发展。事实上,政策制定与完善的过程,就是政府利用政策规划将财富重新分配的过程。随着社会的进步与发展,福利产业成为不少投资者希望进入的领域,政府应当进行反复论证,利用政策规划规范社会福利事业科学健康地发展。

(二)正式的社会福利制度

正式的农村社会福利制度主要包括以下几方面的内容。

1.教育福利

它是以免费或低费的方式向国民提供教育机会和教育条件的社会福利事业。教育福利经费的主要来源是国家财政预算拨款、企业和社会捐赠,以及收取低费等渠道。教育福利的主要内容包括:普及义务教育;向学生提供助学金、奖学金;向学生提供无息贷款;学生假期购票优惠制度;国家或地方政府以及教育部门设立各种教育机构,面向社会提供免费或低费教育。教育社会福利的主体为国家义务教育。

由于教育的社会化,目前该项福利待遇农村与城市居民差别不大,不同的主要是农村与城市教育资源配备的差别。由于优秀师资的缺乏、教学条件的简陋,农村的教育效果与城市相距甚远。为了解决这一问题,需要国家、省、市、县各级制定的政策进一步向农村教育倾斜,进一步加大农村基础教育的资金投入,进一步解决师资配备上的城乡不平等,从根本上解决农村教育的深层次矛盾。

2.青少年福利

它是国家和社会为保障青少年的身心健康发展、改善儿童的生活条件而提供的福利服务。广义的儿童福利涉及儿童的保护、养育、教育、卫生保健等各个方面;狭义的儿童福利是指对孤儿、弃婴、伤残儿童的收养、教育和康复等。举办这类社会福利的目的是对儿童从出生到成长的各个阶段都给予保护、关怀和照顾,达到优生、优育、优教,使儿童身心健康、全面发展。

目前农村“留守儿童”的问题严重。在工业化、城镇化的过程中,有1.5亿农民工离开农村进入城市,由此形成了近6000万的农村留守儿童。调查统计显示，在农村儿童中，留守儿童的比例高达28.29%。[①] 大量的留守儿童与父母天各一方，处在一种极不人道的亲子关系模式里。由于缺乏来自父母的亲情呵护与家庭教育和监管，许多儿童过早地承受着成人社会的各种压力，在思想道德、心理健康等方面出现严重问题。在新型农村福利体系构建过程中，应将留守儿童纳入福利体制，采取完善寄宿制中小学、创办托管中心、建立“代理家长”制度等方式，对家庭生活困难者给予补助，照顾他们的学习和生活，建设农村文化娱乐设施，有针对性地搭建各种平台，满足他们精神上的需要等，让留守儿童享有同样美好丰富的童年生活。

3. 老年人福利

它是为满足老年人的特殊需要而举办的社会福利设施和服务项目，是国家和社会为了发扬敬老爱老美德，安定老年人生活，维护老年人健康，充实老年人精神文化生活而采取的政策措施和提供的设施、服务。主要包括：老年人的生活及护理服务、老年人的保健及医疗服务、老年人的娱乐及发展服务。它主要通过敬老院、居家养老、社区照顾等方式实现。

目前在农村大部分地区，敬老院主要设在乡镇一级，与城市相比，敬老院数量少，收住能力有限；由于资金不足，敬老院基础设施建设薄弱，条件通常较差；服务水平低，对老人的服务仅限于吃饱、穿暖等基本生活需要。因此，加强农村敬老院建设，增强其收住能力，提升其服务水平是当务之急。

4. 妇女福利

它是指国家和社会为保障妇女生理和职业的需要而开展的社会福利事业。主要包括以生育津贴为主的特殊津贴与照顾、妇

---

① 代表：每4个农村儿童1个以上留守 亲情严重缺失. 搜狐网：http://news.sohu.com/20120311/n337353090.shtml

女劳保福利，以及为妇女提供的福利设施和福利服务等。

在农村，目前很少有专门的妇女生育、劳保方面的福利。2009 年 5 月，陕西省实施了农村孕产妇住院分娩免费补助政策。这项政策规定，只要是陕西户籍、农业户口、持有准生证，并在取得助产服务许可的医疗机构住院分娩的孕产妇均可享受补助，二级医院也即县级医院的最高限价为 2700 元；只要是本地户口、并参加了新型农村合作医疗的孕产妇，就由政府和新农合报销全部费用。① 经济较为落后、财政实力较为薄弱的陕西省能够做到的，其他大多数省级行政区凭借自己的财力应当也能够做到。对于确实有困难的省级行政区，中央可以通过财政转移支付的方式予以补助。这对于提高中华民族未来的生理素质极为重要。总之，在新型农村社会福利制度中，应重视妇女权益的保护，应对妇女的生育、节育、劳动等进行相应的补贴。

5. 残疾人福利

它是国家和社会为保障残疾人的生活和身心健康，改善残疾人的生活条件，帮助残疾人就业而举办的社会福利事业。主要包括促进残疾人劳动就业、特殊教育、职业培训、康复医疗、文化体育活动、社会救济、特殊用品研制等。

目前在农村地区，没有或甚少有为残疾人就业而办的社会福利企业；在取消农业税后，农村残疾人和健全人都不用缴纳农业税，导致农村原有针对残疾人的最主要的优惠措施消失；健全人还可以得到政府的生产性补贴，没有劳动能力的残疾人却享受不到任何补贴；村集体由于不能继续提取社会和自然灾害减免资金，补贴残疾人的资金链条断裂。以上种种原因导致农村残疾人与健全人之间的收入差距进一步拉大。针对这一问题，国家没有出台优惠残疾人的政策；少数地方尽管出台了一些优惠政策，但

---

① 车喜韵. 确保农村孕产妇生命安全——全省实施农村孕产妇免费住院分娩项目综述[N]. 陕西日报，2011－11－28.

优惠内容太少，优惠力度太小，不能充分弥补农业税取消后残疾人与健全人之间的收入差距。为了改善农村残疾人的生存条件，可以采取下列措施。

(1)提高农村低保标准，并对残疾人有制度性的照顾和政策上的倾斜。社会救助制度应当制定针对残疾人的救助标准和救助措施。

(2)按照农村残疾人的残疾程度的不同给予定额不等的补贴，经费来源由中央与省级财政共同承担。

(3)对于有就业能力和就业需求的农村残疾人应当进行有针对性的培训，培训内容和培训方式应当能最大程度地促进残疾人就业。

(4)解决农村贫困残疾人的住房问题，继续加大“彩票公益金农村贫困残疾人危房改造项目”资金投入，并鼓励和引入社会力量参与。

(5)有子女但子女系未成年人、有父母但父母无经济来源的丧失劳动能力的农村残疾人，应纳入“五保”供养范围。

(三)非正式的社会福利

1. 家庭福利

家庭福利靠感情维系。家庭成员之间共同承担责任和义务，共享利益和福利，互相照顾，形成最早的收入和福利在代际之间即父母和孩子之间的转移。家庭养老包括经济上的赡养、生活上的照顾和情感上的交流三个方面，它以家庭的存在为必要条件。传统的农业社会以小生产为主要生产方式，家庭既是生活单位又是生产单位，具有多方面功能。在这种社会条件下，家庭养老是一种最主要、最普遍、最根本的养老方式。随着大工业的出现和城市化的发展，生产的功能逐渐从家庭中分离出来，家庭的其他一些功能，如养老功能逐步为各种社会机构所代替。家庭养老已经不再是主要的养老方式，其内容也有了明显的变化。在发达国家，普遍实行了社会保障制度，老年人的收入和医疗保障基本上由社会提供。大部分生活服务由社会各类专业部门或志愿组织来承担。

我国有悠久的家庭养老传统，积累了丰富的家庭养老经验。当前，家庭养老仍然是一种主要的、普遍的养老方式。农村的家庭养老包含着经济上赡养、生活上照顾、情感上交流等方面的全部内容。虽然部分经济较发达的地区已开始为老年农民发放一定数量的退休金，但为数极少，只能作为家庭养老的补充。家庭养老及家庭福利作为非正式福利中的最重要一项，是新型农村社会福利体系中不可缺少的一环。

2. 以土地为纽带的福利

农村以土地为纽带的全员就业福利模式，保障了农民的生存能力与生活水平，从某种意义上说，土地就相当于农民的低保。新型农业技术与高效农业使得农民从土地获得的收入得到了很大提高，也使农民的生活得到了很大改善。但由于农民没有土地的产权，只有使用权，不能将土地抵押、买卖，不能享用土地本身的增值收益，这就使得土地的资产福利效应未能有效发挥。

第六章 农民工社会保障问题研究

随着市场经济的不断发展，我国的工业化、城镇化进程也不断加速，不断增长的农村富余劳动力的规模也急速增长，外出务工农民越来越受到关注，而农民工问题也逐渐成了中国社会发展中一个极为突出和敏感的问题。从某种意义上来说，中国的现代化就是农民进入工业化和城市化，因此农民工问题不仅仅是农村问题、农民问题，更是一个亟待解决的社会发展问题。

第一节 我国农民工问题的形成

农民工问题在中国现代化进程中具有特殊的历史地位，因为它不仅关系到农民的转移就业，农民的增收，农业农村的发展，而且也关系到我国的工业化、城镇化进程。那么农民工问题是怎样形成的，我国农民工目前又处于怎样一个发展状态之中，接下来将为大家进行详细的介绍和分析。

一、我国农民工问题的形成阶段

农民工问题是随着我国市场经济的崛起出现的，其产生、发展和成型都是随着我国经济和社会的发展而不断酝酿和发酵的。“农民工”是我国经济社会转型时期的一个特殊概念，它并不是指农民的户籍身份，而是指在城市打工，并将工资作为主要收入来源的农村社会群体。

20 世纪 80 年代，在我国经济转轨、社会结构转型的历史条件下，农民工开始出现，农民工问题开始形成。农民工群体的出现不是偶然现象，而是在相应的历史条件下我国特有的长期城乡二元社会和生活结构造就的。经济的发展和现代农业机械的应用使大量农民从农业转移出来，他们为了获取更多的收入，获得更好的生活条件开始流向城市，形成农民工群体。我国区域发展的不均衡导致农村生产力解放—农民进城—新的农民工群体形成这一过程会在不同的时间、不同的区域持续上演，并且会持续很长一段时期。

（一）农民工出现（党的十一届三中全会到20世纪80年代后期）

从党的十一届三中全会到20世纪80年代后期，我国的改革开放初见成果，这一时期基本农村富余劳动力政策是“允许流转，控制进城”，但是受到长期以来的乡土观念的影响，农民的转移仍然是“离土不离乡”。这一阶段，改革开放启动，乡镇企业迅速崛起，工业结构向轻型化发展，就业机会大量增加，形成了对农村富余劳动力的巨大拉力。[①] 但是这一时期，无论是制度上还是人们的思想观念上的城乡壁垒没有打开，因此这一时期的农民从事的主要都是工业和服务业给岗位，他们的就业范围和就业选择以乡镇企业为主。1983－1988年，全国大概6300万农民工在乡镇企业就业，农民离土不离乡，进厂不进城，亦工亦农，白天进厂，晚上回家，农忙种地，农闲去务工，开创了“离土不离乡”转移农业劳动力的新模式。[②]

这一代农民工应该算做第一代农民工，当时主要是解决温饱问题，即为了“生存”。时至今日，这一代农民工早已人过中年，除了少部分具有技术专长或管理能力的人成为企业经营者，大部分人已回到农村。这一部分农村务工者并没有脱离自己的生活方

① 吴海峰．我国农民工问题的现状与发展趋势[J]．新中国成立60周年与国情研究，2009(09)．

② 农村社会保障制度[M]．北京：中国劳动社会保障出版社，2011，第13页．

式和生活习惯,农民工的社会保障保障问题只存在于工伤、赔偿等少数领域。

(二)农民工问题的酝酿(20世纪80年代末到党的十六大之前)

从20世纪80年代末到党的十六大之前,是我国农民工群体和农民工问题形成的第二个阶段,在这个过程中农民工问题逐渐酝酿和发酵,并开始显示出其社会影响能力。这一时期的农民工务工政策导向是“放松限制、积极疏导”,农民转移主要模式开始转变为“离土又离乡”。20世纪80年代末,随着改革开放的深入,特别是90年代初小平同志南巡,外资企业大量进入,民营经济快速发展,沿海地区对劳动力的需求大大增加。农民有了经营自主权,城市有了用工需求,阻碍劳动力流动的壁垒逐步被突破,农村劳动力开始了大规模的跨地区流动。在这种情况下,国家适时调整政策,逐步放松农民进城就业的限制。1989年,农村外出务工劳动力由改革开放初期不到200万人迅速增加到3000万人。农民在不改变身份的情况下,开创了“离土又离乡”转移农村劳动力的又一新模式。由于大量跨区域就业的农民工春节返乡造成“春运”紧张,由此,形成蔚为壮观的“民工潮”。

外出进城打工的农民我们可以看作“第二代”农民工,有别于上代农民工的显著特点,他们主要是20世纪80年代改革开放后成长起来的劳动力,他们流动务工,更多地是为了寻求发展的路子,也为了挣钱之后,投入农村的发展和自己家庭的建设。第二代农民工的就业领域主要集中在建筑业、加工业、纺织业以及出口企业。随着时间的推移,这部分农民工“城镇化”之路出现了两种不同的结果:第一种是有技能、有管理能力的人成为企业生产骨干,留了下来;第二种是随着年龄增长,选择回乡。

(三)农民工问题逐渐成型(党的十六大至今)

党的十六大至今,农民进城务工的政策导向是“加强服务、统筹协调”,并且融入城镇、成为城镇居民成了农民劳动力转移的一个新趋势。十六大以来，中央做出统筹城乡发展的战略规划，加强对“三农”问题的关注，对农民进城务工采取了积极引导的政策。

2003年和2004年国务院办公厅连续发出通知，要求各级政府切实改善农民进城就业环境、做好管理和服务工作。近年的中央1号文件对农民工工作都做了明确部署。2006年国务院出台了《关于做好农民工工作的意见》(国发[2006]5号)，2008年底又专门下发了《国务院办公厅关于切实做好当前农民工工作的通知》。农民工进城务工的政策环境进一步宽松，开始逐步从体制上打破农民工融入城镇的制约。农民外出务工又进入了一个新的发展时期，农民进城务工的数量进一步增加。我国城市化率每年增加约0.9个百分点，这其中主要是农民工进城(主要指定居城市)做出的贡献。

近几年，农民工队伍中又出现了一个新的群体，就是20世纪80年代至90年代初出生的农民工，我们可以称呼这一部分人为“新生代农民工”，也是第三代农民工。与他们的父辈相比，他们是伴随手机、电视一起成长起来的，眼界开阔，他们从来没有种过地，对土地没有父辈那样的感情，对农村没有父辈那样的依恋，文化程度较高，渴望融入城市，但忍耐力和吃苦精神远不及父辈，心理平衡度较差，难以接受“被歧视”，渴盼享受与城镇居民同等的权益。这一代农民工的特殊性和成长性值得我们高度关注，也正是伴随着这一代农民工群体的出现，劳动保障、社会保险等农民工社会保障问题才开始引起人们的重视，人们对农民工这一社会群体的关注才开始增加，农民工问题才逐渐成型。

二、我国农民工当前情况

近年来，农村劳动力转移就业呈稳定增长态势。根据国家统计局抽样调查结果，2014年全国农民工总量为27395万人，比上年增加501万人，增长1.9%。其中，外出农民工16821万人，比上年增加 211 万人，增长 1.3%；本地农民工 10574 万人，增加 290 万人，增长 2.8%。[①]

（一）外出农民工数量一直在提高

外出民工数量不断增加，本地就业农民工的数量不断减少。如，2009 年全国外出农民工总量 14533 万人，比上年增加 492 万人，增长 3.5%。在本乡镇以内从业 6 个月以上的本地农民工 8445 万人，减少 56 万，下降 0.7%，造成这一现象的原因是城市的高工资和完善的基础设施建设。

（二）农民工外出务工以东部地区为主

我国农民外出打工以东部地区为主，但是从比重上看开始下降。2011 年东部地区务工的外出农民工为 9076 万人，占全国外出农民工人数的 62.5%；在中部地区务工的外出农民工为 2477 万人，占全国外出农民工人数的 17%；在西部地区务工的外出农民工为 2940 万人，占全国外出农民工人数的 20.2%。中西部地区比重开始增加。

（三）农村外出就业劳动力的人口结构基本稳定

以 2009 年为例，国家统计局的数字显示外出就业劳动力的平均年龄为 33.2 岁；外出就业劳动力的平均受教育年限为 8.3 年；外出就业劳动力中，女性比重为 35.5%。

（四）外出农民工从事各行业的比重比较稳定

2012 年，农村外出就业劳动力从事的主要行业分布为：工业 27.3%、服务业 30.4%、建筑业 18.5%、住宿餐饮业 9.4%、运输

① 2014 年全国农民工总量近 2.74 亿人，比上年增长 1.9%[EB/OL]. 人民网：http://politics.people.com.cn/n/2015/0429/c1001－26923073.html

业7.0%、批发零售业5.0%、农业2.3%。

（五）部分外出就业劳动力缺乏稳定的就业岗位

从有关机构的调查报告中，我们可以知道在进城务工的农民中有10.9%的人在外从事家庭经营，有61.6%的人有稳定受雇岗位，有4.6%的人从事合伙等其他类型经营，还有23.4%的人以打零工为主。

第二节　农民工问题的主要困境

一、劳动保障与社会责任标准

（一）社会责任标准8000

社会责任标准8000（SA8000）的英文全称是“Social Accountability 8000”。这里的“8000”是指这套标准在国际标准系列中的序号，并没有什么特别的含义，所以下面会将其简称为“社会责任标准”。

与ISO9000质量管理系统及ISO14000环境管理系统一样，SA8000也是一套可被第三方认证机构独立审核的国际标准。有人预计，SA8000迟早会与ISO9000质量管理系统及ISO14000环境管理系统一样重要，三者成为配套的企业管理体系。从某种程度上来说，SA8000影响甚至将远大于ISO9000和ISO14000。

（二）劳动保障的主要内容

目前，SA8000条款主要可以分为四大部分，主要内容反映在第四大部分中（即社会责任的规定），劳工问题是其核心要点。主要标准有以下方面。

1.劳动权利

(1)不得使用童工。公司不能使用童工,也不能支持使用童工,公司应与其他人员或利益团体采取必要的措施来保护儿童和青少年(应当受义务教育)的教育,不得将他们放于不安全或不健康的工作条件和环境中。

(2)不得实施强迫性劳动。公司不能强迫员工进行劳动,也不能支持使用强迫性劳动,也不能让员工在受雇时交"押金"或寄存身份证件。

(3)企业要尊重员工的自由权。公司对员工的结社自由和集体谈判权应当尊重。

(4)不得歧视。公司不得因种族、社会阶层、国籍、宗教、残疾、性别、性取向、工会会员或政治归属等原因对员工进行歧视,包括聘用、报酬、训练、升职、退休等方面;公司不能允许性侵扰行为,包括姿势、语言和身体的接触。

(5)不得实施惩戒性措施。公司不得对员工进行或支持体罚、精神或肉体胁迫以及言语侮辱。

2.工时与工资

(1)公司在任何情况下都不能经常要求员工在一周内的工作时间超过 48 小时,并且每 7 天应至少休一天假;每周加班时间应当在 12 小时以内,非特殊情况及短期业务需要不得要求加班;企业应当按照劳动法给予员工合理的加班报酬。

(2)公司支付给员工的工资不应低于法律或行业的最低标准,以保证员工的基本生活需求,在支付工资时应当以员工方便的形式如现金或支票进行支付,不能对工资进行惩罚性的扣除;应保证不采取纯劳务性质的合约安排或虚假的学徒工制度来对有关法律所规定的对员工应尽的义务进行规避。

3.健康与安全

为了保护员工的生命和健康安全,因此企业应当具备避免各种工业与特定危害的知识，且企业有义务提供一个安全的工作环境来保障员工的人身安全，也要尽量避免意外。此外，企业应当为员工提供一个良好的生活环境，要安全卫生，包括干净的浴室、宿舍等。

4. 管理制度

企业高层应当据本标准来制定公司的政策，并且要对公司管理制度进行定期审核，应当委派专职的资深管理代表对具体事务负责，同时让非管理阶层选出一名代表与管理层进行良好的沟通；要建立一个恰当的程序，来证明所选择的供应商与分包商符合本标准的规定。

当前来看，一些发达国家进口我国的产品时已经开始要求我国企业要通过SA8000的国际认证，否则，就退货和撤销合同。

（三）我国企业劳工问题的主要表现

我国的许多加工企业还在一定程度上处于资本原始积累和工业化初期，对人的管理还或多或少带有“泰勒化”的特征，即几乎是把人当作物来管理，是一种野蛮的管理。

中国企业中农民工的劳工问题主要表现在以下方面。

(1)工人住宿拥挤，宿舍条件太差，并且饮食和住宿卫生条件得不到保障。

(2)没有提供法定的福利待遇，不依法缴纳各项社会保险费。

(3)收取职工押金、扣押身份证和限制人身自由。

(4)侮辱、体罚工人，侵犯工人人身权利。

(5)工资低于最低工资标准，超时加班加点，不依法支付加班费，并且扣押拖欠职工工资，尤其是拖欠民工工资。

(6)厂房安全条件得不到保障，消防器材陈旧老化，有毒有害化学品的保管使用不当。

(7)不与员工签订劳工合同，或者不按合同期限使用员工，随意解雇，对工伤事故实行“私了”，不依法赔偿。

二、农民工养老保障困境

（一）农民工缴费难

民政部1992年实施的《县级农村社会养老保险基本方案（试行）》规定："外来务工人员，原则上在其户口所在地参加养老保险。"

按照城镇现行的养老社会保险规定，民工应当在所工作的单位统一向城镇养老社会保险管理部门缴纳养老社会保险费。这使得没有固定工作单位的农民工社会保险的缴费出现了问题。

（二）农民工城市参保率低

在2002年的时候，国家统计局统计数字表明农民工市民化后，参加养老保险的比例相当低，只有3.4%，参加医疗保险的比例更少，只有2.7%。到2005年，全国拖欠农民工资现象有所减少，但用工单位也很少为农民工办理保险，据抽样调查，仅有三分之一的农民工有工伤保险和医疗保险；当农民工发生工伤进用工单位提供相关费用的不足50%，有养老保险的就更少了。除社会保险外，现行城镇社会救助体系也只是覆盖城镇人口，农民工受不到最低生活保障或其他任何救助。[①]

当前来看，对于现行的民工社保制度，企业和民工都比较抵制。对企业来说，为农民工提供社保就会增加本企业的生产成本，因此一些企业在向当地政府进行工作汇报时会对员工的数量进行隐瞒。有人做过大致统计，如果建立与城镇一样的社保制度，企业每年要为每个民工多支付两千到三千元左右，企业的用工成本会大幅度提升，这对企业来说是一个不小的负担，因此企

① 郝书辰，黄西明．新时期农村社会保障制度研究[M]．北京：经济科学出版社，2008，第139页．

业会不愿意执行。

而对民工来说，虽然他们是本制度的直接受益者，但每月要从自己的工资收入中扣除一些社保费，因此民工们也不愿意。归根结底来看，经济承受能力太弱，才是当前农民工不肯参加社保的主要原因。如果农民工将个人收入弥补到其在农村的家庭成员中，则将进一步摊薄其可支配收入。每月将近40元的社保费，一年下来就将近500元，这对农村家庭来说是一笔不小的收入。由于民工只看重眼前利益，因此他们往往愿意多要工资，不愿意交纳社保费。

（三）民工城市参保难以衔接

民工城市参保难以衔接这也是一大困境。比如在广东、浙江务工的农民工，他们按照所在城市的规定都应该参加社会保险，但由于他们户口所在地的广大农村还没有形成社会保障制度，这就使得当这些农民工离开城市后，其个人养老账户由于没有办法转回原籍而中断。就算有些农村有了养老保险试点，但由于与城镇的养老保险标准不同，因此造成账户间无法衔接，因而无法转移账户。另外在地方操作过程中，农民工由于没有固定的工作单位，因此在参保时很难跨过“累计缴费15年”这道槛。[①]

（四）试点改革仍未成功

以成都为例来研究一下我国目前农民工参保的现实状况。2003年1月25日，成都市人民政府正式下发《成都市非城镇户籍从业人员综合社会保险暂行办法》（以下简称《暂行办法》），自当年3月1日起实行。《暂行办法》规定：“本市行政区域内的国家机关，社会团体，城镇企业，事业单位，民办非企业单位，有雇工的城镇个体工商户等用人单位和与之形成劳动关系的非城镇户籍

① 郝书辰，黄西明. 新时期农村社会保障制度研究[M]. 北京：经济科学出版社，2008，第141页.

从业人员，以及无单位的非城镇户籍从业人员，都应参加综合社会保险。只要连续性每月交纳费用，就可享受老年补贴、住院医疗费报销、工伤补偿或意外补偿等几项综合社会保险。”

《暂行办法》主要有以下几个方面的内容。

(1)将社会保险费的缴费基数分为8个档次，分别为2002年成都市职工平均工资(11000元)的60%到200%，然后按照非城镇户籍从业人员的收入情况选择相近档次缴纳20%的保险费，即月收入1000元的交纳200元的费用。其中有用人单位(主要是城市居民)的由单位承担14.5%，个人承担5.5%，也就是说个人只需要交纳55元，而无单位的(主要是农民工群体)则全部由本人承担。

(2)非城镇户籍从业人员男性年满60周岁、女性年满50周岁时，用人单位和本人停止缴纳综合保险费。非城镇户籍从业人员缴纳综合保险费到男性年满60周岁、女性年满50周岁时，由社会保险机构一次性发给老年补贴。具体标准为：个人账户累计储存额+本人综合保险年平均缴费基数×本人累计缴费年限数×0.6%。

(3)男不满60周岁，女不满50周岁参加综合保险的非城镇户籍从业人员，不在本市从业或停止从业以及虽年满上述年龄但累计缴费年限不满1年的，可以在出现以上情况的6个月后，凭终止或解除劳动关系的证明或其他有效证明，向社会保险经办机构申请将个人账户中的按本人缴费基数8%计算的累计储存额(包括利息)一次性退还给本人，同时终止综合保险关系。不满上述年龄死亡的，个人账户中的按本人缴费基数8%计算的累计储存额(包括利息)由其法律继承人一次性领取。

(4)用人单位的非城镇户籍从业人员，履行缴费义务期间享受工伤补偿、住院医疗费报销和达到规定年龄时享受老年补贴。无单位的非城镇户籍从业人员，履行缴费义务期间享受意外伤害、住院医疗费报销和达到规定年限时享受老年补贴。用人单位招用的非城镇户籍从业人员在参加综合保险并按时足额缴费期间，经市劳动保障部门认定属于因工负伤或因工死亡的，由市社会保险经办机构或委托的商业保险公司按照工伤致残程度，经劳动能力鉴定机构鉴定为一级至十级的，按规定的标准给予一次性工伤补偿。其中，20 周岁及其以下人员如遇一级伤残，最高可获 36 万元补偿。50 周岁及其以上人员如遇一级（最高级）伤残，最高可获 20 万元补偿。

（5）本办法实施前已按本市规定参加城镇企业职工基本养老保险、基本医疗保险和工伤保险的非城镇户籍从业人员，可以由用人单位决定不参加综合保险，继续按原规定执行；也可以由用人单位决定按本办法规定执行，以前的养老个人账户转为综合保险个人账户。对未按规定办理综合保险登记、未按规定申报应缴纳综合保险费数额、未按规定从个人工资中代扣代缴综合保险费以及延迟缴纳综合保险费的，按国务院《社会保险费征缴暂行条例》等有关法规、规章规定予以处罚。

根据该办法的相关规定，缴费基数中的 8% 直接划入参保人员老年补贴个人账户内，并于男年满 60 周岁、女年满 50 周岁时，由社保机构一次性发给本人。

这一综合保险不需要政府拿钱，而全部由参保人员缴费来运转。我们可以算这样一笔账，如果按从业人员年收入 8000 元，那么 40 万人一年的费用约有 6.4 亿元。成都市当年预计参保人数会超过 10 万人，并且保险经费基本可以得到比较稳定的保证。

根据《暂行办法》有关内容的规定，农民工参保人员连续足额缴费满 6 个月后的缴费期间内，如果因患病或因工伤发生符合《成都市城镇职工基本医疗保险暂行办法》规定的住院医疗费，可以按规定计算报销，出于某些原因方面的考虑，这个报销比例甚至可能会比城市职工还要略高一点。

对于社会保障来说其延续性和稳定性是人们最关心的问题。因此在办理和实施农民工参保的过程中，缴费记录的保留和存档就显得十分重要，针对这一点尽管《暂行办法》中有三个月欠费和补交的规定，但对于阶段性外出的民工来说，保费缴纳的连续性也很难得到保证。

社保的记录最好的保存方式是终身保留，但是由于工商、税务和各级审批机构等机构都会参与到社会保险的管理之中，这一点实施起来并不是很简单。笔者给出建议是今后各地在开展非城镇户籍人员参保管理的过程中，应该以相关保险各城市之间的互相衔接为重点，只有这一点做好了才能保证流动性越来越大的农民工群体真正享受到社会保险带来的福利。

成都市政府的《暂行办法》颁布收获了一些效果，但是远远没有达到事先的预期，因此对于这项试点改革目前仍存在疑问，主要是以下两点。

第一，这项制度的收费方式是按照国家基本养老社会保险的模式收费的。但是这项制度的养老金发放方式却与国家基本养老社会保险大不一样。国家基本养老社会保险金的发放方式是，个人退休后，不允许一次性发放养老金，而是首先按照个人缴费的状况，以及国家有关标准，从个人账户支付养老金，不管个人账户里有多少金额，分 10 年平均支付完。个人账户支付完后，如果本人还在世，再由社会统筹账户按照个人账户的支付标准，继续支付养老金，直到该领取养老金者去世。而成都市的这个制度则是一次发放完毕，并且主要是发放个人账户的金额，社会统筹那部分基本上与个人不再有关系了。这样，对于那些有工作单位的人来说，损失不大，因为缴费基数的 14.5％是单位缴的，而对于那些没有工作单位，20％的缴费完全是个人缴纳的人们来说，就有点不合算了。

成都市政府出台该政策后的第 10 个工作日，成都市各类企事业单位已经为 19000 余名非城镇户籍的从业人员办理了综合社保的登记。到 2003 年 10 月底，成都市综合保险参保已达 6.09 万人，征收综合保险费 2858 万元。其中市级 3.5 万人，区(市)县 2.59 万人。参保人员中由基本保险转入综合保险的有 1.19 万人，占参保人数 19％。无单位的非城镇户籍从业人员参保人数 516 人，占总人数 0.8％。参保单位 3161 户，其中市级 1560 户，区(市)县1601户。在参保的单位中企业2782户,占88%,事业单位312户,占9.8%,机关、社团单位67户,占2.2%。截至2006年3月底,成都市非城镇户籍从业人员参加综合社会保险人数达25万人。成都市共有40多万非城镇户籍的从业人员,可见,进展不算快。

第二,城镇职工的社会保障管理费用是由政府财政支付,而民工社保,政府不出管理费用,全部由参保人员缴费来支付。

成都的外来人员综合社会保险虽然取得了一定的成果,但是存在不少难以解决的问题和矛盾,目前还难以进行较深入的分析和评价,其改革经验也难以借鉴。

第三节　解决农民工问题的思路与政策建议

解决好农民工问题,就是要解决农民工最关心的问题。而农民外出务工最关心五件事:找到工作、拿到工资、工伤大病有保险、有地方住、子女能上学。因此,政府在解决农民工问题的时候应该以此为出发点进行。另外,在解决农民工问题的过程中政府机关还必须解决自身管理中存在的问题,双管齐下切实为农民工问题的解决做出努力。

一、就业问题的解决思路与政策建议

(一)"用工荒"和"就业难"

"用工荒"主要是由以下四个方面的因素引起的。

(1)我国经济形势持续回暖,企业生产恢复,用工需求迅速上升。

(2)中西部地区加快发展,吸引更多农民工在家门口就业创业。

(3)务工环境差，工资待遇低，部分农民工宁愿闲暇也不愿意外出就业。

(4)中央及各地惠农政策效应不断显现，吸引部分农民工回流“三农”。

“就业难”出现的主要原因有以下三个。

(1)农民工缺乏就业信息服务，农民工外出就业组织化程度不高，用工企业与农民工之间信息交流不畅，有些招工信息不能有效传达到农民工，外出就业存在盲目性。

(2)农民工技能偏低，不能满足产业结构升级和调整的需要，不少农民工不适应新岗位的要求。

(3)返乡创业困难较多，普遍缺乏启动资金，想贷款却没有抵押担保。

(二)解决农民工就业问题的建议

1.大力对农民工进行职业技能培训

要以企业的用工需求为依据以及农村劳动力的意愿为根据，对农民工进行多种多样的培训，来提高农民工的能力，包括适应能力、就业能力、创业能力等，从而更好地解决农民工就业问题。

2.完善农民工就业信息服务

要建立健全城乡公共就业服务体系，做好劳务输出地与输入地的劳务对接，为农民工多提供一些就业信息，增加农民工的就业渠道。劳务输出地要为准备外出务工农民提供当前的政策以及准确及时有效的务工信息；输入地要做好用工信息发布机制的构建与完善，确保农民工的顺利就业。

3.积极引导农民就地就近转移就业

要对县域经济、小城镇经济进行积极发展，做好农村水电路气房建设，对农田水利工程和标准农田建设等也要进行大规模开发，从而增加农民工在当地的就业，要大力支持非公有制经济发展，发加强农产品加工业、第三产业等，从而可以为农民工提供更好更多的就业岗位，促进农民工就业。

4. 鼓励农民工返乡创业

鼓励农民工创业，有重要的意义。这不仅可以解决创业农民自己的生存和发展问题，也使得就业机会增加，还可以促进本地经济发展。要在政策上对创业农民工进行大力支持，积极引导农民工创业。

二、工资问题的解决思路与政策建议

（一）提高农民工工资的意义

提高农民工工资有利于调整国民收入分配结构，实现社会公平正义，同时也有利于打开和扩大消费市场，增加国内需求。当前我国有两亿多农民工，如果每人每月工资提高一百元，按每年就业十个月算，每年可以增加国民收入两千多亿。而农民工既要在城镇进行生活开销，也要将大部分资金寄回农村，这有利于扩大农村消费市场。

提高农民工工资水平，是加快调整国民收入分配格局的重要内容。当前来看，在收入分配体系中，劳动所占的利益分配比是偏低的，要努力提高劳动在初次收入分配中的比重。初次收入分配其实就是在国家、企业（资本）、劳动者（农民工）之间进行利益分配。这就要求要处理好国家、企业和农民工之间的利益关系，要建立健全农民工工资增长机制，做好农民工市民化，让农民工也充分享受到国家发展带来的成果。

（二）提高农民工工资的建议和策略

1. 严格执行和完善最低工资制度

对于最低工资标准要严格执行，且至少两年调整一次，并且要与当地的物价水平等挂钩。可以借鉴一些国外的做法，比如推行小时最低工资标准，可以在一些分散就业的行业和岗位实行时薪制。

2. 积极推行企业工资集体协商制度

工资集体协商制度有助于维护农民工的合法权益，是形成劳动关系主体双方依法自主协调机制的好形式。当前来看，全国地市一级基本建立了由政府、工会、企业代表组成的劳动关系三方协调机制，要充分发挥好工会组织的作用，在今后的工作中，要以工资分配、工时和劳动定额等劳动标准为主要内容，做好企业工资集体协商工作的全面展开。

3. 建立农民工工资发放保障制度

2003 年温家宝为重庆农民熊德明追讨工资，从那之后全国范围内开展了清欠农民工工资行动，拖欠工资的问题有所缓解，但并未从根本上解决，前清后欠的问题还比较严重。为此，要加快建立工资支付监控制度和工资保证金制度，保证农民工工资能够足额按时发放，要集中对用农民工的用人单位进行重点监管，强制在开户银行按期预存工资保证金，实行专户专账管理。对拖欠农民工工资情节严重的用人单位，可以责令其停业整顿直至吊销其营业执照。

三、子女教育问题的解决思路与政策建议

（一）农民工子女教育存在的主要问题

农民工子女教育主要存在以下两个问题。

1. 城市公办学校教学资源仍然不能满足需求

我国农民工的数量在不断增加，随着农民工进行迁移的子女的数量也逐渐增加，因此对教育资源的需求也越来越大。在这种

大背景之下，城市公办学校教学资源远远不能满足当前的需要，其子女很难进入当地的公办学校进行上学，农民工子女入学问题也成了当前的一大难点。

2.农民工子弟学校教学条件普遍不好

由于很难进入公立学校，农民工子女只能在农民工子弟学校上学，但总的来看，不管是教学设施还是师资力量，农民工子弟学校都与国家公立学校有明显差距。在财政预算时大多数农民工子弟学校的义务教育经费没有被纳入，只能靠向农民工收费维持运转；学校师资力量普遍很弱，教师的素质也较公立学校的教师要低，一些老师甚至没有教师资格证。

（二）解决农民工子女教育问题的建议

1.落实好“两为主”政策

农民工进入城市务工，活跃当地的市场，为当地的经济发展做出了自己的贡献，因此政府应当把农民工随迁子女教育纳入教育发展规划和教育经费预算，按照实际在校人数足额拨付教育经费，不能存在地域歧视以及户籍歧视的行为。对于公办教学资源不足的农民工集聚地区，政府可以对农民工子弟学校加大投入，做好资源调配，改善教学条件。

2.提高民办教学资源水平

农民工子弟学校是在复杂的社会环境下形成的，它是适应社会发展需求而产生的，但是由于经费不足、管理不到位，这些学校存在很多对学生的发展不利的因素。因此对于这些学校我们不能简单进行关闭、禁止处理，而是主动去引导和规范。政府可以委托教学条件较好的民工学校承担义务教育任务的任务，并纳入统一的师资培训和教学管理，提高安全水平和师资水平，让这些民工学校真正发挥出自身的作用。

3.逐步分离学籍和户籍

农民工子女在城市接受义务教育，再回到农村读高中，这种教育模式和教育环境的突然改变对他们的教育和成长都有着不良的影响。面对越来越多的农村“回迁”生，我国政府可以考虑逐步将学籍和户籍相分离，首先在农民工户籍所在省份范围内，子女可以在当地参加高考。

四、社会保障问题的解决思路与政策建议

（一）农民工社保参保率低的原因

这有以下三个方面的主要原因。

（1）农民工对社保认识不足、自身参保意识不强，不少农民工宁愿多拿到手一点工资，也不愿参加社会保障。

（2）很多企业，尤其是小规模的服务类企业为了控制成本，极力压缩人力成本支出，不愿为农民工缴纳社保，在大部分农民工都不与企业签订劳动合同的前提下，也没有底气要求企业为其缴纳保险。

（3）现有社保制度对农民工而言，存在缴费压力大、转移接续不便等问题，在一定程度上抑制了农民工参保积极性。

（二）解决农村社会保障问题的建议

1.加大农民工工伤保险政策落实力度

工伤一定要有保险，如果工伤不保，将来会是农村的包袱。要加大农民工工伤保险政策的落实力度，实现工伤保险对整个农民工群体的覆盖工伤，尤其是要将商贸、餐饮、住宿、家庭服务等劳动密集型行业的农民工作为重点人群进行监督，只要企业与农民工发生用工关系，如果农民工出现工伤，就应当按照相关条例，

据此要求企业承担相应责任。在工伤认定程序等方面要进行简化，提高工伤待遇水平，做好农民工工伤医疗补助和经济补偿。

2. 健全农民工医疗保障制度

要将与企业签订劳动合同、建立稳定劳动关系的农民工纳入城镇职工基本医疗保险制度体系内。鼓励农民工参加城镇居民基本医疗保险或农村新型合作医疗保险。对于基本医疗保障关系转移接续办法要进行深入完善和健全。

3. 加快健全农民工养老保险制度

要对农民工进行引导和鼓励，让农民工积极参加城镇企业职工基本养老保险和新型农村社会养老保险，继续扩大新农保试点覆盖面，让更多的农民工享受到养老保险。要做好农民工养老保险关系转移接续工作。保障农民工的合法权益。

五、住房问题的解决思路与政策建议

（一）农民工住房问题

农民工住房问题突出主要有三个原因。

(1)农民工经济能力不足，难以支付购买房子的花费。建设部的一项调查报告表明，目前 84.1%的农民工承受着来自购房、租房等住房压力。

(2)农民工没有纳入城镇住房保障体系，经济适用房、廉租房等保障性住房政策农民工没有享受的权利。

(3)现行用地政策制约了农民工集体宿舍的建设。

（二）农民工住房问题的解决思路

1. 把农民工纳入国家住房保障政策体系

政府应当将在城市有稳定就业且居住一定年限的农民工纳

入国家住房保障政策体系内，此外，政府也应当出台专门的政策，加强对农民工宿舍、公寓的建设，保证农民工合法住房权利的实现。

2.完善农民工住房租赁市场

在农民工相对集中的地区，当地政府部门应当鼓励社区街道、工业园区、企业机构等建设适合农民工全体租赁的社会化公寓，并积极推进区域小户型房屋租赁市场，增大农民工租房的选择空间。

3.建立完善农民工住房公积金制度

住房公积金制度是全体社会成员都应该享受的一种社会福利制度，因此也应当面向农民工这个群体，有条件的农民工可以依照相关的政策规定依法申请住房公积金贷款，并且可以支付房租。

4.完善农民工住房配套制度

政府在进行发展规划的过程中，要充分尊重和维护农民工群体的利益，在城镇建设规划、土地利用规划统筹中应当将农民工住房纳入进来，统筹考虑农民工住房位置、基础设施能力，避免出现农民工居住区大规模集中的情况。这些措施可以帮助农民工更快地适应当地生活，并且更快地融入当地的生活和环境之中。

六、农民工转移后农业生产发展问题的解决思路与政策建议

（一）农民工转移对农业生产的影响

劳动力的结构变化对农业发展产生了深远影响，突出表现为

两个方面。

(1)农业用工数量减少,劳动成本增加。2003—2008年,我国稻谷、小麦、玉米三种粮食的每亩用工数量从11.10个下降到7.59个,减少了31.6%;但每亩的人工成本从128.12元增加到了175.02元,提高了36.6%。我国每头散养生猪的人工成本上升了38.1%,规模养殖生猪的人工成本上升了75%。

(2)留乡务农劳动力素质结构性下降,对农业科技的学习、接受和应用能力较弱。

(二)解决农民工转移负面影响的建议

总结各地为解决这一问题采取的措施主要可以归纳为以下几种。

1.创新农业经营方式

健全完善农村土地承包权流转市场,进一步解放农业生产关系,激活农业市场的活力,为我国农业经济的发展提供新的动力。转变政府职能,变管理为引导带领农民发展现代化、规模化的农业生产和经营。另外,也要积极推进新型农业发展机构的建设,如农民合作社、农业产业化龙头企业等。

2.加快推进农业机械化

要积极推进农业机械化生产,提高农业效率。同时也要改进作物品种,以促进农机与农艺的结合。比如,在农业生产中应该大力推广秧苗栽插、油菜收割等农民需求旺盛的农业机械,从而保证这些收割和播种期较短的作物能够及时完成收割,提高我国农业的耕作效率,使农作物最大化地实现价值,从而保障农业生产的稳定。

3.抓紧完善农业社会化服务

农业的发展、农民收入的提高离不开农业政策和信息服务两大助力，因此在发展农村经济的过程中国家要在政策上给予农业大力扶持，还要对农资配送、机耕机收、科技推广、农业信息、统防统治等农业生产服务业发展提供一定的帮助。

与发达国家的农业相比，我国的农业不仅在发展水平上落后，而且在发展模式上也存在不少的弊端。欧美发达国家的农户的农业生产具有专业化、现代化的特点，他们从事专业生产会有各种服务组织提供全程的专业化农业服务，比如农资供应、测土施肥、喷洒农药、产品加工、产品销运等。因此，虽然美国直接从事农业生产的人口占全国从业人员很少，约占总人口比例的2%，但是为农业配套服务的科研、技术、劳务、营销、加工储运等相关人员则占15%，大大超过了农业本身的直接从业人口。

4.着力培养新型农民

应当借鉴国外经验，将没有外出务工的农民培养成职业农民。比如可以通过与科研院校开展定向委托培养，免费对农民进行培训，开办农业职业学校，组织多种形式的农业技术培训等手段培养一批高水平的农民。新型农民在农村和农业领域的活跃不仅可以有效地帮助农民提高收入，而且也可有促进我国农村经济的发展。

第四节　农民工社会保障问题展望

我国的农民工问题是历史也是现实综合作用产生的结果，想要彻底得到解决并不是一个短期内能实现的问题，需要十几年乃至几十年的时间。由于我国庞大的人口基数和农业人口，因此在今后相当长的一个时期内，我国农民工总数量都会呈现出一个增加的趋势。那么我国农民工问题究竟向着什么样的方向发展，我们可从以下两个方面来思考。

一、影响农民工社会保障的因素

（一）城镇化进程

农民工产生的基础是我国大量的农村剩余劳动力，如果我国农村剩余劳动力能够处于一个相对均衡的状态，那么农民工问题的解决将会进入一个良性的循环之中。减少我国农村剩余劳动力最直接最有效的办法就是城镇化，因此从某种程度上来说我国城镇化的进度和程度，将影响到农民工进城的数量，也将影响农民工社会群体的生活和工作状态。

（二）城乡差距

由于我国城乡发展的不平衡，使得农民工进城务工甚至选择在城市生活的趋势会只增不减。如果放任我国城乡差距继续扩大，那么仅仅依靠城市的适应性调整未解决农民工问题，其过程会是十分艰难的，并且也不可能取得十分完美的结果。因此在处理发展问题的过程中，我国各级政府应该努力致力于缩小城乡差距，提高农民的收入，使农民在农村也能享受便利的公共服务设施，这对于解决我国农民工问题具有极为积极的意义。

（三）经济周期

改革开放之后，我国确立了市场经济在我国经济发展中的主导地位，因此市场要素就不可避免地成为我国经济发展过程中不可忽略的一个方面。虽然我国市场经济的发展使得我国的经济发展取得了巨大的成就，但是我们也应该看到市场经济自身的固有的缺陷使得经济发展的风险也大大增加。

（四）农村劳动力供给

从长期趋势看，农村新增劳动力的数量会先上升然后逐渐下降。在这个过程政府应该做好应对准备，在农民工数量上升的过程中应该努力创造就业岗位和就业机会；农民工数量减少的时候要做好经济的转型工作和农民工技能培训工作，提高农民工的质量和素质。

二、对农民工问题发展的预测分析

从一个较长的历史时期看，随着我国经济水平的提高和时间的不断推移，我国农村劳动力及其相应人口将不断融入城市，也就是我们所说的城镇化。城镇化是农民工问题不断缓解和解决的主要标志和特征，也是我国社会发展不断进步的一个基本表现。

（一）理论分析

机械化生产使得农村劳动力逐步从繁重的体力劳动中转移出来，这些富余的农村劳动力进入非农产业和城镇，是符合经济和社会基本发展的一种现象，也是一种必然的历史趋势。通过对历史的考证和对我国农民工的流动方向的观察，我国的农民工从农村流向城市的过程中，有一部分农民工融入城市成为市民，另一部分则流回农村。这个过程方向既定且又循环往复，总趋向是农村不断向城市输送劳动力。在整个发展过程中，我国政府和有关部门应该尊重这一基本发展规律，对农民工问题进行科学的引导，当农民工流动规模逐渐缩小至一定程度的时候，农民工问题也就得到了解决。

（二）模型分析

根据我国目前的经济发展速度和城镇化进度，城乡人口流动达到均衡点的时间将会出现在 21 世纪中叶。城乡人口流动的经典理论中，刘易斯人口流动模型从宏观的角度，托达罗模型从微观的角度，都曾提过城乡人口流动将有均衡点。城乡人口流动均衡点将在21世纪中叶出现。农民工问题是我国社会发展过程中不可避免的一个社会问题,它既是我国在社会转型期的产物,也是我国经济和社会转型的一个考验,最终它将伴随我国现代化的实现而消失。

总的来看,农民向非农产业和城镇转移,转变为工人和市民,这是我国推进工业化和城镇化的必然产物,也标志着我国社会的全面进步。伴随着我国工业化和城镇化的实现,城乡差距、工农差距会逐步消失,我国的农民工问题将会逐步得到完善解决,农民工终将完成其历史使命,消失在进步的时代潮流中。

第七章　农村社会保障制度改革研究

我国社会保障制度的一个重大特征就是城乡二元体制，简单地说就是农村和城市执行不同的社会保障标准和有关制度。随着全面建设小康社会的开展，这种二元化的保障制度与我国社会和经济发展的需求越来越不相符，甚至有些方针政策已经对农村社会的进步和发展产生了阻碍，因此在新时期我国政府会对这种体制的社会保障进行相应的改革。

第一节　城乡社会二元保障制度的形成

我国社会保障制度的城乡二元分治格局是从 20 世纪 50 年代逐步形成的，出现这种状况，有其必然的历史原因。新中国成立初期，我国的政治背景和当时状况使得以重工业为核心的发展战略成为必然，正是这样的选择确立了城乡二元结构的格局。①

一、农业人口多，生产力相对落后

新中国成立初，我国虽然已经进入社会主义社会，但由于是初级阶段，所以在农村，社会生产力水平仍然很低。这就使得在生产效率上非常低下，农民的收入也只能满足自己的需要，除此很少有多余的收入。而社会保障的建立需要在满足人们生存的

① 吕锦涛. 统筹我国城乡社会保障制度的思考——从二元到三维[J]. 劳动保障世界，2010—07—15

基本需要外物质有一定剩余的基础上。同时，在人口总数中，我国农村人口所占比例太高，这就使得国家财政在当时的状况下，难以对农村社会保障进行明显的改善。总的来说，落后的农村生产力和农业人口众多是造成城乡社会保障制度二元化的客观原因。

二、城乡二元分治的宏观管理制度

社会保障制度是我国整个经济社会制度的一个重要组成部分，当整个经济社会制度形成二元分治时，社会保障制度也难以避免这种情况。由于中国的权力中心在城市，所以二元分治的结果会出现下面两种情况。

第一，各级政府没有对农村和农民的利益保障有足够的重视，在农村地区，农民可以享受到的福利也很少，在法律与制度上的保障也缺乏。

第二，即使基层政府想要为农民提供社会保障，但整个社会制度下，分配不公造成的农村财力缺乏也使得基层政府有心无力，严重限制了农村社会保障的发展。

三、财政制度不合理的影响

（一）财权与事权不对称

财权主要集中在上级财政，从而财力也主要集中在上级财政，而事权主要由下级部门承担。这种财政政策会削弱下级财政以及其他政府职能部门的职能，很多政策和社会保障支出难以得到保障，最后只能造成农村地区与城市地区的差距越来越大。

（二）各级财政自我服务

各级财政自我服务这种情形使得各级财政在提供社会保障

福利等公共品时没有动力,只是为所在的中心城市和国有企业提供保障。长期以来,财政主要是支持国有单位的发展,支持国家的工业化,财政支农不力,对农业的发展起不到推动作用不说,在一定程度上还削弱了农业的发展力和竞争力。在工业化的城市化得到发展的情况下,需要国家财政做好对农业的投资力度,做好农业基础设施建设,推动农业科技发展,做好生态保护等工作,来弥补农业的弱质性,增加农业竞争力。

财政支农的支出占整个财政支出的比重达到10%以上,才能够对农业的发展起到有效地推动作用。但是长期以来,我国政府对农村地区的财政支出数额有限,且连年下降。我们来看一组数字,1980—2000年,我国农业建设在基本建设投资中的比重由9.3%下降到7.0%,支农资金在财政支出中所占比由12.2%下降到7.8%。1996—2000年,财政支农资金占农业总产值的比重平均为6.7%,远远低于发展中国家10%～12%的水平,更不要说发达国家30%～50%的水平。2000年以后,我国政府对农业问题的关注度上升,在农村电网改造、基础教育和公共卫生等方面增加了投入,情况有所好转,但长期发展造成的局面难以一夕改变,我国农村地域与城市地区的社会保障水平依然存在巨大的差距。

(三)农村基层资金短缺

历史上,中央财政以及地方的上级掌握着财政大权,基层财政对资金利用的支配权几乎为零,因此他们在我国财政体系中仅仅是充当一个收钱的机器而已。而农业税的取消也将一定程度上削弱基层政府征收税费的权利以及财源,而1994年开始实施的分税制却没有随着农村税费制度的改革而有所变动或调整,这就使得基层政府既没有税源,在财政上也得不到制度上的保障,因此,基层财政不断恶化,这已经成为一种普遍现象。

(四)农村基层政府机构设置有待完善

地方行政管理机构比较陈旧,这就导致基层财政经常性费用开支过大，造成地方财政紧张，最后往往是农村基层政府及其财政受到严重损害，无力顾及农村社会保障事业。有许多人在进行“三农”问题研究时提出的解决办法是精简地方行政管理机构，或者是加大国家财政对农村财政的资金投入，很少有人提出乡级政府存在的合理性。仅仅从行政成本—收益这个角度来考虑，如果一级政府的行政收益小于或等于成本，那么该级政府的存在性就值得考虑。在现实中存在着大量此类情形。有些乡镇级政府占有大量的税费资源养活机构的管理人员，而提供的公共服务却很少。从历史因袭而来的基层政府不断膨胀，是造成农村社会保障因资金制约无法得到大力发展的直接原因。

四、单位所有制的局限

中国社会保障制度在相当程度上是单位福利制度和行业（部门）福利制度，城里居民大多数都是有单位的，因此城镇居民的社会保障多了一个层次，保障水平也会得到提高。而在农村，大多数行政村和乡镇政府是没有什么财力的，农民基本上是以家庭为单位的，结果是，农村居民除少数“五保户”外，基本上没有什么制度化的社会保障待遇。

五、传统养老观念的不良影响

在我国农村，家庭养老的传统比较深厚，农民自身也没有对国家有什么奢望能提供社会保障福利。这种观念使得我国的官方和民间都没有对农村社会保障有足够的重视，农村社会保障没有得到应有的地位。

六、传统落后思想观念

土地对农民来说，确实具有一定的社会保障功能，但是其缺陷也很明显。

(1)土地的这种保障功能水平比较低,起到的作用有限,无法适应当前的农民生活水平,也无法满足全面建设小康社会和和谐社会的基本要求。并且由于人均土地数量的减少、土地收益的下降,土地的这种保障功能也就越来越弱。

(2)不管土地的社会保障功能是高还是低,我们都不应当以土地具有保障功能而无限期地把农民拒绝在现代社会保障制度的大门之外,享受社会主义建设的成果是每个社会成员都具有的权利。

第二节 城乡二元社会保障制度及其弊端

城乡二元分治这种社会保障制度的形成虽然有一定的历史原因,但其自身也存在着许多弊端,随着时间的发展和社会的进步,这些弊端越来越突出,已经到了必须加以逐步解决的程度。

一、阻碍了农村社会保障的建设和发展

和城市社会保障制度相比,农村社会保障制度的发展水平可谓相当落后。目前城市社会保障体系早已建立起来了,这主要包括社会保险、社会救助、社会福利。其中,社会保险又包括五大社会保险项目,即养老社会保险、医疗社会保险、工伤社会保险、失业社会保险、生育社会保险。并且,养老社会保险又包括三个层次:基本养老社会保险、补充养老社会保险(企业年金)、个人储蓄养老保险。但是在农村,当前来看还没有一个社会保障项目被普遍实施,甚至连“五保户”制度,在中西部地区许多农村都有名无实。

二、社会保障覆盖面比较小

社会保障制度应当成为一项每个人在生活有困难的时候都

可以得到生活保障的制度，因此，其覆盖面应当逐步扩大到所有社会成员。我国的社会保障覆盖面到最近几年才达到了30%，表7-1是我国农村社会保障发展的基本情况，而同时期西方发达国家的农村社会保障率已经达到了90%。

表7-1 我国享受社会保障人数

年份	社会保障覆盖人数（万人）	占总人口的比重(%)
1986	13095	12.2
1987	13820	12.6
1988	15845	14.3
1989	15885	14.1
1990	16749	14.6
1991	17197	18.1
2001	24236	18.9
2002	26761	20.8
2003	27815	21.7
2004	37700	29.0
2005	40000	30.8

从表中我们可以看出我国社会保障覆盖率并不广，这也变相的说明我国农村保障发展的滞后。

三、在社会保障分配上倾向于城市

总的比较来看，不仅在制度建设和覆盖面方面农村社会保障要比城市滞后，且在人均收益分配方面农村社会保障也要比城市少。占全国人口不到45%的城镇居民占有全国财政性福利支出的95%以上的份额；而占全国人口55%以上的农村居民所占比重则不足5%。而由于我国的福利制度在实施时是以单位为本的，因此，没有单位的农民与住房、医疗、退休金、养老保险、劳动保护、工伤待遇、休假、日常生活福利、福利设施、独生子女补助、免费培训等方面的福利待遇则没有丝毫关系。这种分配格局加剧了城乡之间的收入差距。城乡收入水平本来就存在一定的差距,但是,社会保障大大加剧了这一差距。

第三节 统筹城乡社会保障制度协调发展的政策和建议

为了对我国的城乡社会保障制度进行统筹发展,因此要寻找到一些合适的切入点,来促进这一目的的实现。

一、以人口城市化为切入点

在改革开放前,我国的城市化水平很低,发展也十分慢,见下图。改革开放后,人口城市化水平和速度有所增加,但是和其他国家相比,仍然处于低水平。

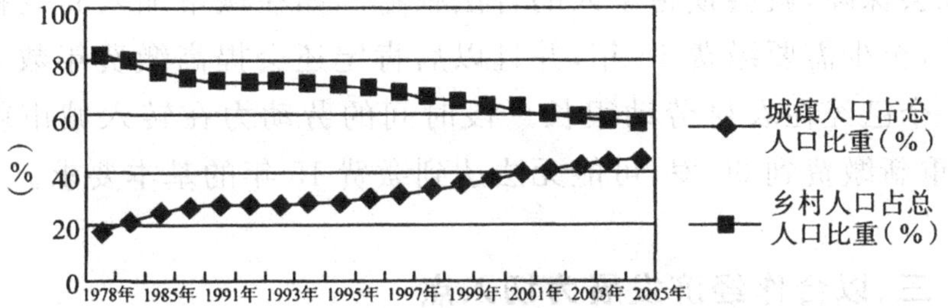

图 7-1 城乡人口比例

资料来源:国家统计局中国统计年鉴 1992、2004,国家统计局 2005 年中国经济社会发展统计公报

我国要发展农村社会保障,就应当将人口城市化联系起来。也就是对农村人口进行分流,即让农民变成市民,这既可以提高农民的收入水平,促进农民致富的速度,让农民增加参与社会保障的实力,另外,在一部分农民市民化进入城市保障系统后,可以

减轻农村社会保障的压力程度。由此来看,进行人口城市化发展可以说是农村社会保障发展的一个切入点。

二、以实现城乡社会保障制度一体化为切入点

当前城乡社会保障水平存在着一定的差距,需要做好两者之间社会保障互换的通道。也就是说在农村参加社会保障体系的人,一旦进入城市工作,应当能通过一定的方式将其在农村的社会保障权益转化为城市社会保障体系下的权益,而不必在城市从“零”开始重新参加社会保障。反过来一样成立。否则的话,就可能出现以下几种情况。

(1)如果双重身份都保留,可能出现一个人具有双重社会保障身份,享受双重权益。

(2)如果双重身份都保留,在个人缴费方面,将出现个人负担过重的情况,难以继续下去。

(3)如果简单地终止在农村的社会保障关系,在城市重新加入社会保障,就会损害个人的合法权益。如在城市加入养老社会保险,至少需要缴费 15 年,并且以后肯定还会提高缴费年数。但是一个已经在农村劳动很长一段时间的劳动力在转入城市就业时,重新缴费到 60 岁,可能无法达到缴费 15 年的基本要求。

三、以合作经济发展为切入点

合作经济组织形式应当成为建立农村社会保障的一个切入点。

(1)从市场失灵和政府失灵的双重失灵角度来看,未来的社会保障制度的模式,应当更多地吸收合作社制度的合理成分,应当采取合作社制度的模式。

(2)社会保障本来就是合作经济制度应有的功能。大空想社会主义者的合作社,罗虚代尔合作社、西班牙的蒙德拉贡合作社

都具有社会保障的功能。目前，在发达国家，社会保障的一些项目，也直接采取了合作社的模式。如城市合作医疗团体组织、社区服务合作社团体。

四、以降低城市社会保障的"门槛"和标准为切入点

目前，城市社会保障水平过高，缴费比例过高，导致城市社会保障的门槛过高，农村人口难以"进入"。具体来讲，门槛过高主要表现为以下几个方面。

（一）制度建设有待完善

当前来看，社会保障制度针对的人群主要是全日制从业人员，对从事非全日制工作的人员则可以说是不适用，因此严重阻碍了当前就业范围的扩大。由此分析可以看出，在现在的情况下，社会保障还称不上是国民待遇，其身份门槛还是相当高。

（二）社会保障缴费率过高

按当前的社会保障制度规定来看，企业缴纳养老、医疗、失业、工伤和生育等5个险种的名义费率，总计职工工资的29.8%。其中，养老保险的费用相当于职工工资总额的20%，可见其所占比最高。在制度实际实施的过程中，由省级政府对名义费率做出规定，在一些地方，地方政府规定的名义费率比制度规定的名义费率要高出很多。

（三）停止缴费的年龄规定得过死

目前的规定是到60岁，就必须停止缴费。这是不合理的，应当规定超过60岁可以继续缴费，至少缴到65岁；同时，只要缴费不满规定的最低缴费年数，劳动者以及非劳动者都可以继续缴费，一直缴纳到达到最低缴费年数为止。

所以，我国社会保障改革与发展的方向应当是不断降低加入

社会保障的“门槛”。

五、统筹城乡社会保障制度发展措施

统筹城乡社会保障制度的发展，是一项难度系数比较高的工程，它涉及两个制度内部及两者之间关系协调。在以往发展社会保障的某些措施没有得到理想的效果，因此需要转变思路，进行统筹考虑，采取有利于城乡社会保障制度协调发展的有力措施，促进城乡社会保障制度不断走向统一。

（一）对城市社会保障制度改革的思路和模式进行转变

1.将统筹城乡社会保障改革与二元经济制度改革相结合

第一，对财政体制改革进行不断深化。扩大公共财政的社会覆盖面，增加农村公共品供给，要想方设法加大财政对农业和农村的资金投入。

第二，做好农村就业制度改革工作。要重点对外来农民进行管理，做好农民工子女上学问题以及工资拖欠问题。要建立健全农民工就业制度，发展城乡一体的就业市场，为城乡劳动力就业环境的改善做出努力。彻底消除农民进城务工的歧视性政策和障碍，简化各种手续。逐步建立农村劳动力就业服务和管理、流动监测、就业培训、供求信息和农民工维权法律服务体系框架。积极完善促进农村劳动力转移和充分就业的工作机制，把农村劳动力转移和充分就业纳入政府的服务和管理轨道，努力构建城乡统一的劳动力就业市场，为农民提供平等的就业机会。①

第三，做好土地征占用制度的改革工作。尽量在农民自愿的前提下，采取等量面积无偿置换，差额面积货币计差的原则，对农

① 张红宇.城乡统筹的制度创新与中间制度安排[J]农民日报，2005—08—13.

民的基本权益做好保障。宅基地置换新建住房，要办理出让手续，让农民取得房地产权证，充分显现出农民宅基地的价值。

第四，做好行政管理体制改革的深化。应当撤销乡镇这一级政府。

2. 调整国民经济分配格局，扩大公共财政覆盖面

该措施可以确保城乡二元性制度逐步过渡到城乡一体的一元化制度。实现这一目标需要从以下几个方面入手。

第一，加大对农业支持的保护力度。对农业投入体制进行改革，推进农村投资和金融体制的发展，增加农业投入来源和投入总量，为农业发展做好物质保障。

第二，做好农民利益的保护工作，避免对农民利益的侵占。农业税取消后，要将维护农民利益的重点放在改革土地征占用制度上，坚决对乱占耕地的行为进行抵制，做好耕地征占规模的控制工作，对于政府征用土地权和征用范围做好明确的界定工作，从法律上保护农民的根本利益。

第三，做好农民收入的调节工作。要对我国的现有分配制度进行改革，要进一步完善按劳分配为主体，多种分配方式并存的分配制度，除加大对农业和农民收入的支持保护程度外，更重要的是启动城乡居民收入分配调节机制。①

3. 充分发挥农村人力资源的优势，做好农村劳动力的保障服务功能

在郊区、县镇等具备一定的条件的居民点，建设各种养老院，把城市里离退休者安置在这些地方养老，既节省了城市居民在这方面的开支，又增加了农民的收入。总之，农村人可以到城市养老，城市人也可以到农村养老。

---

① 李玉梅. 扶持政策是推动农业发展的新动力——专访农业部部长杜青林[J]. 今日中国论坛，2005－01－05

（二）以个人自愿储蓄养老的模式推进城乡社会保障制度改革

一个完善的养老保险制度有三根柱子：基本养老保险、补充养老保险和个人储蓄养老保险。个人储蓄养老保险可以分为强制性的个人储蓄养老保险和自愿性的个人储蓄养老保险两个部分。

1. 对我国个人储蓄养老制度上的认识存在一些误区

虽然我国的个人储蓄养老制度国家已经提倡了多年，但是在实际的实行中却没有进展。这对于我国养老制度的发展与完善有不良作用。从根本上来，主要是由于人们在认识上对个人储蓄养老制度存在一些误区。主要表现为以下几个方面[①]：一是认为个人储蓄养老保险只是包括城镇职工。二是认为个人储蓄养老是自愿的，在规章制度和法规方面不需要进行有相关规定。虽然农村电有自愿性的个人储蓄养老保险制度，是原先由民政部主办的，但是，这项制度又与城市的个人储蓄养老保险制度分离，是一个二元分治的体系。三是认为个人储蓄养老保险与基本养老保险、企业单位补充保险挂钩。国务院《关于企业职工养老保险制度改革的决定》第八条中规定："国家提倡、鼓励企业实行补充养老保险和职工参加个人储蓄性养老保险，并在政策上给予指导。同时，允许试行将个人储蓄性养老保险与企业补充养老保险挂钩的办法。"实际上第八条的规定只是把企业职工的个人储蓄养老保险与企业补充养老保险、基本养老保险捆绑在一起，并没有说，非职工人口的个人储蓄养老保险制度如何建立。四是仅把个人储蓄养老保险定位在减轻国家养老负担方面。

2. 对策与建议

(1)制定针对性的保障政策

个人储蓄养老保险主要针对的人群是没有参加社会基本养

---

① 王洪春，张占平. 中国个人储蓄养老制度上的认识误区与对策[J]. 经济与管理，2005－05－15

老保险和补充养老保险的人口群体,并且应当是城乡统一的,而不仅仅是统筹。当前我国的社会统筹养老保险在向个体私营"扩面"中,这在实际中遇到的阻力很大,而扩大覆盖面后带来的问题就是隐性债务。在实际中,社会统筹养老保险制度向个体私营人口群体扩面就没有成功过。这个人口群体需要的社会统筹养老保险制度应当是一个人账户高度透明、高度独立的养老保险制度,他们会抵制任何统筹性的社会养老保险制度。因此,必须建立主要针对这个人口群体、也适用于其他人员的个人储蓄性质的养老保险制度。

(2)设计科学的保障方案

针对个人养老保险应当设计一个操作性比较强的方案,其应当具有独立的地位,和社会统筹基本养老保险制度和企业单位补充养老保险制度并行。这种独立包括两个方面,一是在制度上应当是独立的,二是在资金投资运营的委托机构方面也应当是独立的。

(3)制定优惠税收政策

要针对那些没有任何养老保险的人口群体制定相关的优惠税收政策。没有养老保险的人口人均税收优惠量应当与已经被基本养老保险制度和补充养老保险制度覆盖的人口群体从基本养老保险制度、补充养老保险制度和个人储蓄养老保险制度这三个层次所得到的税收优惠量相等。农民等没有参加第一个层次和第二个层次的人口群体的个人储蓄养老账户应当得到更大的税收等方面的优惠。

(三)通过合作经济的模式发展农民社会保障制度

农民社会保障制度的建立与发展应当更充分地使用农村合作经济组织的制度资源和人力资源。

1. 充分发挥各种合作经济组织的社会保障功能

可以从三个方面来发挥这方面的功能。

第一，通过对内部进行调节，提高合作社组织的利用度，从而进一步提高农民就业的范围和农业劳动力的利用率。

第二，通过合作社组织积累资金，互助服务等社会保障资源。

第三，合作社组织可以向社员提供一定的福利。

2.整个农村社会保障制度

采取合作社的管理模式通过上面的介绍我们知道，通过科学的管理既可以避免市场失灵的缺陷，也可以避免政府失灵的缺陷。由于我国幅员辽阔，管理层次繁多，监督和管理效率并不高，因此农村社会保障难以适应城市那种直线管理的模式。所以，农村社会保障管理体制，应当更多地依靠农民自己，逐步实现自我管理。国家主要是制定基本的法律制度、进行外部性监督，具体事务应当由农民合作社自己去做。

3.发挥合作经济组织的“企业”职能

合作社经济组织可以以集体为单位，参加全国统一的社会养老保险和社会医疗保险，就像企业参加社会保险一样（企业与职工共同缴费），合作社与社员共同缴费。

第八章 西方发达国家农村社会保障制度及借鉴

我国从 1986 年开始，对农村社会保障制度进行了一系列的改革，旨在建立包括农村养老保险、农村医疗保险、农村社会救济多方面内容的农村社会保障体系。但是由于我国社会保障体系发展时间有限，我们在建设过程中难免会碰到一些棘手的问题，而西方发达国家发展农村保障制度已经有很长一段时间了。我们可以通过对西方发达国家农村保障制度发展状况的研究，吸取必要的教训、累积必要的经验。

第一节 西方主要发达国家农村社会保障制度的实践

西方国家发展农村保障制度已经有一百多年的历史了，形成了相对完善的农村社会保障制度。由于西方国家农村人口稀少，很多西方国家的社会保障已经覆盖了所有农村居民，真正实现了“全民皆保险”。而在西方国家发展农村保障制度的建设过程中，有哪些重要内容可以给我们带来启发呢？本节中将对西方主要国家的农村保障制度建设进行探究。

一、德国的农村社会保障制度

德国的社会保障制度迄今为止已经有一百多年的历史了，德国的社会保障体系内容全面、层次丰富，具体包括社会保险、社会救济、家庭补贴等内容。而社会保险作为德国社会保障体系的核心内容，又包括了养老保险、医疗保险、工伤保险、失业保险等具体政策和措施。

1957年10月，德国的社会保障制度又迈出了新的一步，农村养老保险体系的建立开启了德国农村社会保障制度的全面发展。

（一）德国的农村养老保险体系

德国建立农村养老保险体系的法律依据是在1957年7月颁布的《农民老年救济法》，农民养老保险的目的是为基本丧失劳动能力的老年农民和过早丧失劳动能力的农民提供基本的生活保障。①

1.投保对象

德国农村养老保险体系的投保对象为农场主及其配偶以及共同进行农业劳作的家属。除了法定投保对象之外，德国农村养老保险体系关于投保对象的规定还应注意以下几点。

(1)农场主包括所有独立经营着达到最低规模的农业企业的拥有者。

(2)如果农场主与其配偶没有持久地分居，那么农场主的配偶也应当被视为农场主。

(3)共同劳作的家属包括在农业企业中专职从业的直至第三代的血亲、直至第二代的姻亲以及农场主或其配偶的子女或养子女。

(4)农业企业中被雇佣的员工不算在农村养老保险体系的投保对象范围内，他们应当和普通工人一样，投保普通的法定养老保险。

---

① 胡勇.农村社会保障体系研究[M].北京：中国农业出版社，2009，第104页.

2.资金来源

德国农村养老保险体系中养老金的资金主要来源于两部分，一部分来源于农民自己缴纳的资金，一部分来源于政府补贴，来源于政府补贴的资金占大部分。农村养老保险的费用是以法律为依据确定的，每个农场主无论经营的农业企业的规模大小，都缴纳相同数额的保险费用。每一个在农业企业中共同劳作的家属，如果没有申请被免除保险义务，也应当缴纳保险费，其缴纳保险费的数额相当于农场主缴纳费用的50%，原则上由农场主承担。在特定情况下，农场主可以申请对共同劳作家属进行保险费的补贴。

3.给付形式

德国农村养老保险体系的一般给付形式为现金，如果面对突发的风险，也可以采用物品给付的形式。德国农村养老保险的给付以农场主移交农业企业为先决条件。如果投保人由于接受康复治疗、丧失劳动能力或出于孕期，导致农业企业无法正常运营，那么农村养老保险机构也可以为投保人提供经营或家政帮工等服务。一般情况下，农村养老保险的最低投保年限为15年，如果在此期间农场主丧失了劳动能力，那么最低投保年限可以相应降低到10年。

4.机构设置

德国的农村养老保险体系具体措施的运作由全国13个养老保险机构负责。这13个养老保险机构分别属于各地的农村同业工伤事故保险机构，并在全国组织建立了一个总联合会。这个总联合会具有自治性质，受到国家的监督。

农村养老保险机构总联合会定期选举会员代表大会和理事会成员，在进行选举时，会员代表大会会员被分为只雇用家属的独立农场主以及雇佣除家属之外的员工的雇主农场主两类，以确保会员代表大会政策选择的公平性。同时，相关联邦政府部门也会派代表加入总联合会的理事会，指导和监督总联合会的运营和管理。

（二）德国的农民医疗保险体系

德国在1972年开始了对农民医疗保险体系的探索，在德国，农民医疗保险和普通的职工医疗保险一样，需要农民和国家政府共同承担保险费用。由于很难确定农民的具体收入，因此，德国的农民医疗保险体系共分为20个不同的缴费等级，农民可以根据自己的具体经济状况，选择不同的缴费等级，当然获得的医疗保险费也会有一定的差别。①

德国的农民医疗保险与普通的社会医疗保险不同的是，德国政府会给农民医疗保险提供补贴，以保障农民的生活水平不会因缴纳保险费用而受到影响。在德国，农民缴纳医疗保险费用是必需的，而国家为农民提供医疗保险补贴也是必需的，这样的“双重必须”保证了农民医疗保险体系在德国的持续稳定发展。

（三）德国的农业事故保险

农业事故保险是德国政府为农、林业工作者提供的法定事故保险。农业事故保险和为工商业者提供的保险类似，属于社会保障的分支内容。农业事故保险的赔偿范围涉及两方面。

（1）受保人由于突发的工作事故或患有职业病而必须支出医疗费用的。

（2）为受保人提供工作援助，帮助其重新找到工作。

农业事故保险的一大特色是聘用合格的专家，通过培训、教育等方式帮助受保人获得相关专业知识。

---

① 张燕，李晶晶，张汉江．德国瑞典农村社会保障法律制度研究［J］．中国乡镇企业会计，2008(02).

二、意大利的农村社会保障制度

(一)意大利社会保障制度的发展

意大利的社会保障制度到今天也有一百多年的发展历史了，早在1859年，意大利议会就通过了老年退休法律，虽然没有最终实行，但是也算是意大利的社会保障制度发展的序幕了。意大利现行的社会保障制度发展于第二次世界大战之后，二战后，意大利的宪法规定，劳动者在发生年老、残疾、生病、遭遇工伤事故、失业等情况时，都有权获得一定的救济或补助。并且，意大利所有公民有权获得健康保障；贫困公民有权获得免费医疗服务；丧失劳动能力导致失去经济来源的公民有权获得社会救助等等。意大利现行的社会保障制度包含了养老保险、医疗保健、工伤事故补助、家庭补助、社会救济、义务教育、失业补贴等多项政策和措施。

(二)意大利的农村社会保障制度

意大利的农村人口占全国总人口的5%，在意大利，所有的农村人口都可以享受和城镇居民相同的社会保障福利待遇，真正实现了城乡一体化，意大利的农村社会保障体系共包括以下几方面的主要内容。

1.免费义务教育

在义务教育方面，意大利实行14岁免费义务教育政策，也就是说包括城市和农村所有的适龄儿童都必须在14岁之前接受义务教育，但是在义务教育的政策下，接受教育的孩子必须自己承担课本费、校车费、食宿费以及其他杂费。

2.免费医疗服务

意大利自1957年就开始实行免费医疗政策了。免费医疗政策有一定的限制条件，只有下列两种情况的医疗费用才能全免。

(1)年满65周岁的男性和年满60周岁的女性的疾病治疗。

(2)大病、急诊。

如果你是一名来到意大利旅游的外国游客，就算没有在意大利参保任何医疗保险，在发生急诊时，同样可以享受免费医疗的待遇。

除了以上两种情况，其他的疾病不能享受全免的医疗福利，一般支付的医疗费用占所有费用的10%，也就是说免费医疗政策可以为生病的患者省去90%的医疗费。正是由于意大利免费医疗政策的广泛运行，意大利政府已经在经济方面不堪重负，很多地区的地方政府都出现了财政赤字的情况。

3. 退休养老

在养老方面，农村居民同样和城镇居民享有一样的权利和待遇。凡是年满65周岁的男性以及年满60周岁的女性都可以领取养老金。但是领取养老金的金额要根据其缴纳社会保障税的多少来决定。

(1)劳动者缴纳社会保障税满20年，每年不少于1500欧元的，退休后每月可获得450欧元的养老金。

(2)缴纳社会保障税不足20年或从来未曾缴纳过社会保障税的劳动者，退休之后，每年只能够领取230欧元的养老金。

(3)养老金采取多缴多领的原则，在缴纳20年，每年1500欧元的基础上，如果劳动者还多缴纳社会保障税，那么退休后就可以领取到更多的养老金。

三、法国的农村社会保障制度

(一)法国的社会保障制度

法国的社会保障制度已经经过了一百多年的发展历程，从20

世纪初第一部关于社会保障的法律的形成和实施，迄今为止，法国已经形成了相对完善的社会保障制度，并且在社会保障体系发展均很发达的西欧国家中仍然处于领先地位。目前，法国的社会保障制度面对全体公民、农民、自由职业者以及公务员等四大类对象，形成了医疗、养老、工伤、失业、家庭补助多种保障措施。

（二）法国的农村社会保障制度

法国的农村社会保障制度就是农村社会保险。法国的农村社会保险由“农业社会互助金管理处”统一进行管理。法国的农村社会保险具体包括养老保险、医疗保险以及家庭补助等内容，农村社会保险已经覆盖到全国多达600万农村人口。

1. 法国农村社会保险的资金来源

法国的农村社会保险的资金主要来源于五部分。

(1)农业人口自行缴纳的各种保险金费用

农业人口缴纳的保险金费用种类主要有两方面，一方面是包括疾病、残疾、工伤死亡等在内的职业保险金；另一方面是用于农村社会保险的管理、卫生以及医务监督的附加保险金。

(2)人口补偿

人口补偿是指投保比例较高的保险项目有义务为投保比例较低的保险项目提供一定的财政支持。数据显示，在法国，投保比例较高的保险项目给投保比例较低的保险项目的财政支持约占到投保比例较低的保险项目的资金来源的28%。

(3)家庭补贴

家庭补贴主要由全国家庭补贴金库提供，家庭补贴的金额约占所有农村社会保险资金来源的4%。

(4)国家补贴

国家补贴主要包括财政预算补贴以及对家庭的补贴两部分内容。国家补贴的金额约占所有农村社会保险资金来源的14%。

(5)税收补贴

税收补贴是指某些税收政策给社会保险提供的资金补贴，大约占到所有农村社会保险资金来源的27%。

2.法国农村社会保险的受保对象

法国农村社会保险的受保对象可以分为两大类型，一类是领薪农业人员；另一类是非领薪农业人员。领薪农业人员主要包括农业有限公司的专职工作人员以及农校的学生与这些成员的家属；非领薪农业人员包括农业雇主、农业企业个体经营者和企业主等。

3.法国农村社会保险的发放标准

法国农村社会保险的发放标准根据农民具体缴纳保险金数额的不同，也会有所差别。在条件允许的情况下，领薪农业人员可以享受农业社会保险、家庭补贴以及工伤补贴的福利待遇；而非领薪农业人员则可以享受农业经营者的疾病保险、农村养老保险以及家庭补贴的待遇。

4.法国农村社会保险的特点

法国的农村社会保险相较于其他国家来说更加灵活。它的优点是实用性强，不同的受保对象可以选择不同的适用标准，能调动受保对象的参保积极性，并且保险启动速度快。但同时，法国农村社会保险也存在一定的缺陷，就是资金来源较分散，因此对资金来源的管理成本会很高。

四、美国的农村社会保障制度

美国是典型的实行自由主义福利体制的国家，社会保障主要强调个人在市场中的权利，并且认为政府应当尽量少的介入社会保障。下面我们从农村社会保障政策以及农业政策两方面来研究美国的农村社会保障制度。

(一)美国的农村社会保障政策

1.美国农村社会保障政策的形成

在美国,农村人口占总人口的比重很低,而农业产值也只占全国生产总值的2%左右。因此,美国的城乡差距并不像我国表现的这么明显。因此,美国的农村社会保障政策基本上和覆盖全国的社会保障制度相同。美国是一个强调个人自由的国家,在20世纪30年代发生资本主义经济危机时,才开始建立社会保障制度,由国会通过的《社会保障法案》标志着美国社会保障制度的最终生成。

2.美国农村社会保障政策的内容

从内容上来看,美国的社会保障制度包括多方面的保险项目,有养老、医疗、失业、残疾、生育、社会救济等等。美国社会保障的涉及范围涵盖了包括所有农村居民在内的全国公民。美国社会保障内容中的养老保险分为国家强制性保险、个人储蓄型保险等类别。在医疗保险方面,目前美国可以享有医疗保险的公民已经占到国家总人口的82%之多。

具体到农村来说,在医疗保险方面,农村居民大部分拥有大病医疗保险,医疗合作社也在美国的农村医疗保障中发挥着重要的作用。除此之外,美国农村的社会保障具体还包括给低收入农民提供食品救助等政策。

(二)美国农业保险政策

美国农业保险开始于1922年,美国国会参议院组织专业人员对农业保险的实施问题进行研究。经历了1933年至1934年的严重旱灾,全国的农业产量大幅下降,到了1938年,美国通过了《联邦农作物保险法》,对国内农作物保险相关措施进行了明确规定。《联邦农作物保险法》规定，农业部内开设联邦作物保险公司，由农业部长任命董事会进行管理，但是经过四十余年的发展，农作物保险工作在美国并没有取得非常理想的发展。因此，到了1980年，美国又重新对《联邦农作物保险法》进行了修正，决定将农业保险作为农业灾害保障的主要形式，并扩大农业保险项目的覆盖范围。从改革的结果来看，修正《联邦农作物保险法》显然取得了巨大的成效：在美国得到保障的农作物数量从1980年的30种增加到2000年的100种；农作物保险金额也从1980年到2000年整整翻了十倍。为了防止一些不法分子在农业保险中进行投机活动获得非法利益，美国还对农业保险数据的建设进行了专款维护。这些经验都对日后其他国家的农业保险建设提供了借鉴。

五、加拿大的农村社会保障制度

（一）加拿大农村社会保障制度的发展

加拿大逐步建立起社会福利制度大致从第二次世界大战之后开始。20世纪40年代和50年代，加拿大分别建立了工商业职业团体年金制度和职业灾害保险体系；到了20世纪60年代，加拿大又颁布了《社会救济法》，并创办了国民年金制度。20世纪50年代以来，加拿大政府逐步加速"安全网计划"的建设，为农民收入以及基本生活提供了保障，20世纪90年代以来，"安全网计划"已经逐步由以"社会救济"为核心转换到以政府支持的"社会保险"为主。

（二）加拿大农村社会保障制度的相关政策

1."安全网计划"

"安全网计划"是加拿大政府从20世纪50年代就开始运营的一项农村社会保障制度政策。"安全网计划"旨在稳定并提高农村居民的收入。“安全网计划”的主要措施体现在1957年通过的《农村平稳法》以及其他两部法律——《全国三方协议平稳计划》以及《西部谷物平衡法》当中。

“安全网计划”的目的是控制农民由于农产品价格的变化而需要面对的风险，尽量减少农民的经济损失。具体的政策措施是，政府给农民提供农产品价格补贴，使农民出售农产品的价格维持在一定的水平上，保证农民能从农产品的种植和销售中获得稳定的收入。

2.《农民所得保护法》的颁布

1992年4月，加拿大政府颁布了《农民所得保护法》，法律明确对农民的收入进行了保护。由于加拿大农业人口的比例一直呈现下降的趋势，农业生产的利润越来越少，因此，为了保护农民的收入，鼓励农民继续进行农作物种植和经营，政府通过颁布法律的形式对农民的收入进行保障。

《农民所得保护法》将农民所得政策概括为两大计划，分别是作物保险和净所得稳定计划。作物保险主要是为了控制农民因农作物生产环境或生产状况的变化而面对的风险；净所得稳定计划主要是为了鼓励农民在高收入时多储蓄，以备不时之需。

3.净所得稳定计划

上文中已经提到，“净所得稳定计划(NISP)”旨在鼓励农民在收入高时进行储蓄，以备低收入时使用。净所得稳定计划是继1991年《农民所得保护法》颁布之后，加拿大最重要的保障农民利益的具体决策之一。在20世纪40年代到20世纪50年代的这段时期内，加拿大政府推行了很多职业团体年金计划，虽然能保障普通劳动者的生活，但是却无法给农民的收入起到保障作用。“净所得稳定计划”不仅能保障农民的基本收入，而且能保障农民退休之后的收入。因此，“净所得稳定计划”又可以称为“农民年金计划”，由加拿大各级政府和产品农民代表组成NISA委员会，对整个计划进行运营和管理。农民可自愿参加“农民年金计划”，办理两个个人账户，分别记录存款额和政府提供的“相对基金”、额外和普通利息收入。农民需要从账户中提款时，需要向 NISA 委员会提出申请，并且领取资金数额不能超过可提款最高限额。农民在退休之前，定期向年金计划的账户缴纳保险金，这样在退休之后，就可以获得养老金的保障了。

六、俄罗斯的农村社会保障制度

俄罗斯联邦没有专门的农村保障制度，在俄罗斯，农村居民和城镇居民一样享受社会保障制度的福利。

（一）俄罗斯社会保障制度的发展

俄罗斯从苏联时期开始形成较为完善的社会保障制度，主要内容有基本的养老保险、医疗保险、失业保险和社会保险等。但是经过苏联解体之后，俄罗斯的社会发生了巨大的变化，社会稳定也遭到了破坏，在这种情况下，俄罗斯政府又相继开设了一些特殊的社会福利，提供给特殊的社会阶层，比如说提供给政府官员的住房待遇和免费交通福利；提供给特殊职业者免费医疗服务等等。

（二）俄罗斯社会保障制度的内容

俄罗斯的社会保障制度主要包括以下几部分的具体内容。

1.养老金

俄罗斯的养老保险覆盖范围很广，数据显示，目前俄罗斯公民中平均每 4 个人就有一个人能领取养老金。但是养老金的金额却不是很高，在 3500 万领取养老金的俄罗斯人中，有 1000 万人左右只能领取到低于平均最低收入的养老金。

2.免费医疗

免费医疗的具体内容包括免费就医、免费使用医疗器械等。

俄罗斯的医疗采用医药分离的制度，也就是说，病人到医院就诊，由医生为其开药，但是病人需要凭药方到药店购买药物，然后根据医疗制度的具体规定确定是否可以享受公费购药。

3. 失业救济金

俄罗斯的失业救济金发放范围也不是很广，在整个国家，只有约 800 万人进行了失业登记，而整个俄罗斯只有 9% 的失业人员领取失业救济金。俄罗斯的失业救济金的数额也非常之少，大概只占到平均工资的 12%，也就是说失业人口凭借失业救济金根本无法使自己的基本生活得到保障。

4. 儿童补助金

儿童补助金是俄罗斯提供经济资助的传统手段之一。目前，俄罗斯共存在三种形式的儿童补助金。儿童补助金的资金来源是联邦和地方预算以及社会保险基金。儿童补助金的数额根据儿童年龄的不同也存在一定的差异，一般情况下是俄罗斯平均工资的 4%。由于俄罗斯一直缺乏明确的资金分摊机制，再加上为了实现对财政赤字的控制，因此俄罗斯政府一向倾向于实行低标准的儿童补助金政策。

5. 社会援助计划和食品补贴

俄罗斯政府设立的社会援助计划旨在为贫困以及残疾的社会人口提供基本的社会援助，比如社会人口保障基金等。但是社会援助计划存在的一大问题是缺乏固定的资金来源。

食品补贴是俄罗斯各地地方政府给民众提供的购买面包、牛奶、肉类等食物时的补贴。

（三）俄罗斯社会保障制度的改革

虽然俄罗斯的社会保障制度有一定的发展历史，但是难免存在一些隐患。比如说，在长年的发展之后，俄罗斯产生了数量众多的社会保障措施和福利补贴形式,但是俄罗斯政府却没有足够的经济实力负担这些制度和政策,使得很多的优惠政策和补助都不能完全履行。因此,俄罗斯的社会保障制度改革势在必行。2005 年 1 月,由俄罗斯国家杜马和联邦委员会审议通过的《关于以津贴取代优惠》的法案正式开始实施,法案规定,免费乘坐交通工具、免费医疗等优惠政策将被取消,取而代之的是给公众发放津贴进行补偿。俄罗斯政府关于社会保障制度的重大改革也给我国的社会保障制度创新和发展提供了借鉴。

七、其他国家的农村社会保障制度

上文中,我们对几个西方主要发达国家的农村社会保障制度进行了讨论,这些国家实行的基本上都是自由主义的福利体制和保守主义福利体制。下面我们来探讨几个实行社会民主主义福利体制的国家的农村社会保障制度,相信对我国的农村社会保障体系的发展也会有很大的借鉴意义。

(一)瑞典的农村社会保障制度

1.瑞典的社会保障制度的发展

瑞典是一个发展社会福利较早的国家,早在 1884 年,瑞典议会就对社会保障问题进行了讨论,在 1911 年,瑞典政府开始向一些由工人组成的自发组织提供一定的津贴,这成为瑞典社会保障制度发展历史上最早的社会福利措施。1913 年,瑞典议会通过"全国养老基金方案",这也是全世界第一个全国性的社会保障计划,对于整个世界的社会保障制度的发展具有重要意义。经过几十年的改革和发展,瑞典已经形成了相对较为完善的社会保障体系,实现了"从摇篮到坟墓"的社会保障。

2.瑞典的农村社会保障政策

同德国一样,瑞典也拥有一套完整的农村社会保障体系,并由一个统一的农村社会保障管理机构管理和监督其运营。农村社会保障管理机构除了对农村社会保障制度进行管理之外，也在平衡资金流动、分配资金使用等方面发挥着重要作用。瑞典农村社会保障政策的具体内容主要包括以下两部分。

(1)养老保险

在瑞典，所有农民和城镇居民享受同等待遇的养老保险福利。瑞典的养老保险分为两部分内容，分别是基本养老保险和附加养老保险。基本养老保险就是按照瑞典的《全国养老金法案》规定的一种普遍的义务保险，人人都可以享受其待遇；附加养老保险则是根据瑞典每年的全民收入和数量和纳税情况进行确定，也就是说，瑞典公民退休之后能领取到的附加养老金是和国家的整体收入以及劳动性质相关的。此外，一些居民无法享受所有附加养老保险的福利，但是在生活中又存在一定的困难，针对这样的居民，政府提供了养老金补贴、残疾津贴、住房补贴等福利政策。

(2)医疗保险

在瑞典的农村居民享受和城镇居民平等、相同的医疗政策。瑞典的医疗保障实行社会保险和普遍保障双重制度，接近90%的医疗服务都是由公立医院或公立卫生设施提供的。

瑞典医疗保险的资金来源于参保人员缴纳的费用、参保人员雇主缴纳的费用以及政府财政补贴三部分。而医疗保险的支出主要包括医疗费补助、医药费补助以及疾病补贴三部分。对于没有受雇于任何单位的居民，在其生病需要进行治疗时，医疗保险在其生病的第2天起，向其提供其收入的65%作为补贴；从其生病的第4天起，向其提供其收入的70%作为补助。[①]

(二)丹麦的农村社会保障制度

丹麦是一个经济发达、农业尤其发达的国家，因此，农村社会

① 张燕，李晶晶，张汉江．德国瑞典农村社会保障法律制度研究[J]．中国乡镇企业会计，2008(02)

保障制度在这个国家就显得尤为重要。

1. 丹麦的社会保障制度的发展背景

丹麦是一个农业发展非常发达的国家，丹麦每年的农业产值足够养活整个北欧地区的人民，但是在丹麦从事农业生产的人口非常之少，只占到丹麦总人口的5%左右。1849年。丹麦宪法制定之后，丹麦的农民在全国政治中有了发言权，供销社、健康保险社、储蓄银行相继成立；1970年，合作社有了突飞猛进的发展，到第二次世界大战开始之前，在丹麦的合作社数量已经达到了1900个。正是这样的环境和背景促进了丹麦社会保障制度以及农业产业的发展。

2. 丹麦的社会保障制度的发展

丹麦是一个农业发展非常发达的国家，这就造成丹麦的相关政策比较倾向于农民。1891年，丹麦通过了养老金法；1892年，健康保险法得到了通过；到了20世纪20年代，在俄国和德国革命的影响下，丹麦贵族在其领地的特权被取消，这些因素都对社会保障制度的发展起到了影响作用。

丹麦的社会保障制度具有平等、全面、政府高度参与等特征。

3. 丹麦的农村社会保障政策

丹麦的农村社会保障政策主要包括社会转移支付、社会服务、对特殊人群的社会措施等等，这里简要介绍前两项。

(1)社会转移支付

在社会转移支付中占有最大比例的就是养老金计划，在丹麦，养老金计划没有城镇、农村之分，主要包括基本养老金、年金附加金以及特殊年金三种形式。一般来说，法定养老金的数额应该是丹麦平均工资的48%。

除了养老金之外，社会转移支付中另一项重要的内容就是失业救济金，失业救济金的领取数额应该为平均工资的70%。失业救济金的发放使得丹麦政府从 20 世纪 80 年代以来需要承受的转移支付负担越来越重。

(2)社会服务

丹麦社会保障制度中另一项重要内容就是社会服务。社会服务的对象是儿童和老人，国家提供给他们的社会服务所需要的开支占到所有社会支出中非常大的比例。

第二节　发达国家经验对完善我国农村社会保障制度的借鉴

通过上一节对国外农村社会保障制度的研究和分析，可以看出，国家政府的政策支持、社会观念、国家的经济发展水平等都是影响一国农村社会保障制度发展的重要因素，而想要推动农村社会保障制度的发展，就必须要在坚持社会保障制度发展方向、坚持政府指导、完善农村社会保险体系等方面进行努力。

一、国外农村社会保障制度的比较

通过上一节对国外农村社会保障制度的研究，我们可以总结出国外农村社会保障制度的共同点和差异。

（一）共同点

通过对西方各国农村社会保障制度的研究，其社会保障政策的共同点主要体现在以下几方面。

1. 建立时间都较长

农村社会保障制度发展的一个重要特点就是经历了漫长的建立期。国外的农村社会保障制度不管是从行业转移来看，还是从地区转移来看，都经历了漫长的发展阶段。比如说，美国的普通职工社会保险在1935年就已经建立，但是直到1990年，美国专门的农村社会保障制度才得以确立；而在德国也同样如此，德国早在1883年就颁布了为工人建立社会医疗保险的法律依据——《疾病保险法》，但是直到1957年，农村社会养老保险政策才开始运行。

2. 体系大致相同

国外农村社会保障制度的体系基本一致，大致都包括养老保障、农村居民基本生活保障、医疗保障、社会救助、社会福利、农业保险等项目。其中，养老保险、农村居民基本生活保障、医疗保险这三项政策是农村社会保障制度的基本措施，也是核心内容。

3. 具有法律依据

国外建立了农村社会保障制度的国家往往都颁布了农村社会保障的相关法律，以确保农村社会保障制度的健康、顺利的运行和发展。比如美国的《社会保障法案》等，这些法律不仅为社会保障制度在农村的顺利发展奠定了基础，同时也推动了各国社会保障制度和体系的健全和完善。

4. 经济发展因素

我们分析西方各国建立农村社会保障制度的背景不难发现，各国建立农村社会保障制度的时候，其国家的农业发展都陷入了一定的困难，农业增长停滞不前，农业经济出现负增长的发展趋势。在这样的环境下，为了保证农业从业者的收入和基本生活，推动农业的继续发展，各国纷纷开始建立农村社会保障制度。可以说，农村社会保障制度是一种以工补农的集中表现，同时也是工业反哺农业的重要内容。

5. 农村社会养老保险补贴幅度大

西方大部分国家的农村社会保障制度中都对农民的社会养

老保险进行了大幅度的补贴，其原因主要体现在三个方面。

(1)农村社会养老保险为农村老年人提供了财力支持。在国家经济快速发展的过程中，农村人口老龄化的问题日益严重，农村老年人口的基本生活得不到保障成为农村问题中一大重要课题，因此，政府亟须实行相关政策、措施，以保障农村老年人的基本生活，促进农村问题的解决。

(2)农村社会养老保险制度很难实现个人独立的养老保险。也就是说，农村的养老社会保险很难保障农村老年人的晚年基本生活，因此，政府需要对该项保险进行补贴，以调动农村居民参加养老保险的积极性，扩大农民养老保险的参保范围，推动农村养老社会保险的发展和运行。

(3)农村养老社会保险是政府推动农业发展的重要政策和措施之一。要保证国民经济的稳步发展，就一定不能忽视农业、农村、农民的力量和基础地位，因此，实行农村养老社会保险制度，保障农民基本生活，推动农业经济的发展，才能进一步实现国民经济的稳步提高。

(二)国外农村社会保障制度的差异

除了上述五个共同点之外，国外农村社会保障制度还存在着以下差异。

1.经济基础不同

农村社会保障制度建立的经济基础不同是国外农村社会保障制度差异的一个显著体现。有的国家已经处于经济发达的历史阶段，因此，存在相对稳定的经济基础和充分发展的市场经济基础，同时农村社会保障制度的建立以私有制经济主体为基础。而一些发展中国家的社会经济发展还不发达，市场经济还不完善，农村生产力水平也相对落后，那么在农村社会保障制度的发展上，必然会落后于西方发达国家。

2.筹资方式不同

目前,世界上建立了农村社会保障制度的国家多达160余个,其中开征社会保险税筹集资金的国家占到一半以上。从筹资方式来看,各国的具体方法也存在差异。类似于美国、英国这样的国家,农村社会保障的资金主要来源于社会保险税的征收;而在德国、日本等国,农村社会保障的资金主要来源于农民的雇主及农民个人的缴费。

3.保障范围不同

不同国家的农村社会保障制度的保障范围也有所区别。各国不同的经济发展状况在很大程度上决定了农村社会保障的覆盖范围以及涉及项目。在经济发展相对发达的国家和地区,国家政府有能力承担多项农村保障制度,同时也重视农业保险的推行,因此,在这些国家和地区,农村社会保障制度的覆盖面很广,几乎所有农村居民都能享受到农村社会保障带来的待遇和福利。而在经济发展相对不发达的国家和地区,社会生产力水平不高,农村社会保障制度还不完善,因此,农村社会保障制度的具体政策措施内容不全面,只有极为贫困的农村居民可以成为农村社会保障制度的保障对象。

二、影响农村社会保障制度发展的因素

影响农村社会保障制度发展的因素非常之多,除了最基本的经济因素之外,还包括国家政策的支持、社会观念、社会结构等。

(一)国家的经济发展水平

国家的经济发展水平是影响包括农村社会保障制度在内的整个社会保障体系的决定性因素。其中直接对农村社会保障制度产生影响的就是农业经济的发展状况。数据显示,德国在建立

了农村社会保障制度的这几十年来，农业生产总值占国内生产总值的比例已经从28%～30%下降到5%，但是仍然没有影响到德国专门的农村社会保障制度的发展和盈利。而我国的农业生产总值在近年来占国内生产总值的比例虽然有所下降，但是总值的数额还在不断的上涨，为农村社会保障制度的建立健全奠定了一定的基础。

（二）国家的支持政策

国家的支持政策也是对农村社会保障制度的发展起到重要影响作用的因素。我国20世纪80年代开始探索建立农村养老保险制度，顺应了农村城镇化的发展趋势以及农民对保障老年生活的需求。但是，在农村社会保障制度的方向的确定、相关配套措施的建立、管理体制的优化等方面还需要更进一步的认知和探索。

（三）社会观念

社会观念也是影响农村社会保障制度建立与完善的重要因素，尤其是决策者的观念，对农村社会保障制度的发展起到主导性作用。德国农村社会保障制度的主导思想是谋求社会公平，支持和帮助处于生病、失业、年老等社会不利地位的人们，以实现社会的平等。这种主导思想导致德国的农村社会保障制度形成了利用税收再分配的方式实现社会公平的措施。

在我国，人们对农村经济以及农村社会保障的认知还处于非常浅显的阶段，很多人认为农村居民的生活就应该由土地来保证，政府没有必要建立农村社会保障制度。在这样的环境下，要想推动我国农村社会保障制度的发展，首先要加强人们对农村社会保障的认知和了解。

（四）社会结构

除了以上三个重要的因素之外，社会结构也会对农村社会保障制度的形成模式产生重要的影响。比如，德国和俄罗斯都是工业化国家，农民在总人口中占有的比例很小，因此，在德国和俄罗斯，农村居民享受和城镇居民完全相同的社会保障制度的政策措施。而我国是一个农业国家，农村人口占全国总人口的比例达到了70%，因此，要保障我国农村居民的基本生活，为农民的收入和生活质量提供保障，就应该采取“突出重点、梯次推进”的策略，实行加快农村城镇化的方针政策，推动专门的农村社会保障制度的发展。

三、发达国家经验对我国建设农村社会保障制度发展的启示

经过上述对农村社会保障制度特征以及影响因素的分析，我们可以总结出我国建设农村社会保障制度应当注意的问题。

（一）要以国情为基础，尊重国情

农村社会保障制度的发展必须建立在尊重国情的基础上，建立在我国生产力发展水平之上。在西方发达国家，虽然农村社会保障制度明显落后于城镇的社会保障制度，但是西方国家的经济水平和农业发展状况和我国有本质上的区别，西方发达国家的农民拥有大片的属于自己的土地，农业产出率明显高于我国农业的生产水平。同时，西方发达国家大多是工业国家，农业经济以及农村居民占国内经济和国内总人口的比例相对较小，而我国是农业大国，农村居民占全国总人口的比例达到了70%。因此，我们要针对我国的特殊国情，关注农村居民对养老社会保险的重大需求，结合自身传统，在继承的基础上建立起顺应时代发展趋势、适应我国农村生产力水平的农村社会保障制度。

（二）立法先行，以法律的形式做好相关规范

建立农村社会保障制度必须立法先行。上一节通过对西方

国家的农村社会保障制度的研究可以发现，西方国家的农村社会保障制度都拥有一套完备的法律体系作为制度实施依据。社会保障制度的法律体系能对社会保障的具体措施、社会保险的给付条件和给付标准、社会保险基金的运营进行明确，并以法律的形式固定下来。社会保障制度，包括农村社会保障制度的运行和发展不能离开健全的法制体系，农村社会保障的具体内容、实施对象、实行标准、操作流程等都必须按照相关法律进行确定。只有建立健全农村社会保障制度的专门法律体系，才能保证农村社会保障制度的健康、稳定发展。

（三）追求资金来源多元化，做好农村社会保障运行社会化

目前我国的农村社会保障制度的资金主要来源于投保人个人缴费、农村集体补助以及政府政策支持。在未来的发展过程中，要坚持以政府负担为重要基础，农村集体经济和投保人个人缴纳为补充的方式进行农村社会保障制度资金的筹集。扩大资金的来源，能在一定程度上减轻农民的缴费压力，调动农村居民的参保热情，进一步推动农村社会保障制度覆盖面的扩大。

追求农村社会保障的社会化就是要调动全民参与农村社会保障体系的积极性，鼓励社会成员参与到社会保障事务的工作中来，使社会保障制度，包括农村社会保障制度拥有更坚实的社会基础。

（四）通过渐进方式来做好城乡社会保障政策的衔接

在我国，由于农村人口占全国总人口的比例非常之大，因此必须在农村施行专门的农村社会保障制度。但是农村社会保障制度无论从保障范围还是保障水平上都与城镇社会保障制度存在一定的差距。通过对西方国家社会保障制度的分析，我们可以发现，很多国家的城乡社会保障制度并不是在一开始就是统一、同步的，也是经过了长久的发展，才形成了相对统一的社会保障体系。我国是一个农业大国，要想促进城乡社会保障体系的统

一,不是一件简单的事情,在发展过程中,政府及相关部门应该秉持逐步推进的原则,以渐进的方式推动城镇社会保障政策同农村社会保障政策的同步。具体来说,我们要以我国的特殊国情为出发点,以生产力发展为重要依据和前提条件,逐步在保障项目、保障内容、保障水平、保障范围等方面实现城乡社会保障政策的衔接。实现城乡社会保障政策的统一势必要经历一个漫长的发展过程,在这个发展过程中,政府及相关部门要做好调查研究、编制合理的计划,分阶段、分步骤地推进统一的社会保障体系。

(五)明确农村社会保障的性质和地位

在以我国特殊国情为基础、以法律为依据,建设农村社会保障制度的同时,还要注意对农村社会保障制度定性和定位的明确,将建设农村养老社会保险制度作为农村社会保障体系进一步完善的重要措施。目前,在我国农村地区,土地和家庭仍然是承担农民生活保障的重要因素,但是我国的人均耕地面积正在减少,依靠土地保障农民生活水平已经变得越来越不稳定,因此就需要一定的社会保障措施来保证农民的基本生活。我国十六届六中全会决定,将“覆盖城乡的社会保障体系基本建立”作为建设社会主义和谐社会的重要目标之一。根据会议精神,我们可以把农村社会保障体系的定性定位概述为:逐步建立农村养老社会保险制度,是我国一项长期的社会政策,同时也是我国建设社会保障体系的重要内容之一,属于基本养老保险范畴。要将农村养老社会保险制度同土地、家庭一样,看作保障农村老年人基本生活的保障来源。

(六)做好相关配套政策的完善和落实

推动农村社会保障制度的发展,一定要完善和落实相关配套政策和措施,使农村社会保障制度的相关措施和配套措施结合起来运行,更好地保障农村居民的生活水平。具体来说,可以从以下几方面进行努力。

第一,要采取措施对农村社会保障制度的管理体制进行研究和分析,理顺管理体制,对各级农村社会保障机构及相关工作人员进行合理分配和调整,对社会保障的财政支出进行预算。

第二,要出台农村社会保障体系基金管理的具体办法和基金增值保值政策,提高农村居民参与社会保障的积极性。

第三,要在征收社会保障费用的时候实行免税政策,减轻农民参保的经济负担。

第四,从长远来看,还要加强政策措施的力度,调整政府财政支出的支出结构;加大财政转移支付力度,推动农村社会保障措施更加便利的运行。

参考文献

[1]项继权.中国农村社区建设研究[M].北京:经济科学出版社,2016.

[2]赵晓峰.关中农村研究[M].北京:中国社会科学出版社,2016.

[3]张国平.农村老年人居家养老服务体系研究[M].北京:中国社会科学出版社,2015.

[4]王晓琴.我国农村社会养老保险制度反思与重构[M].北京:中国社会科学出版社,2015.

[5]马冀.北京农村传统合作医疗制度研究[M].北京:知识产权出版社,2015.

[6]杨乙丹.转型期中国农村社会安全风险的演变与治理[M].北京:社会科学文献出版社,2016.

[7]万国威.社会福利转型下的福利多元建构:西部农村留守儿童[M].北京:中国社会科学出版社,2016.

[8]李放,张娜,沈苏燕.农村社会养老服务的需求与发展路径研究[M].北京:科学出版社,2016.

[9]徐勇.中国农村调查[M].北京:中国社会科学出版社,2016.

[10]李捷枚.中国农村养老模式变革研究[M].北京:中国劳动社会保障出版社,2015.

[11]王德胜.中国社会主义新农村建设探索[M].北京:国家行政学院出版社,2015.

[12]杨立雄.残者有助——农村贫困残疾人群帮扶政策评估及建议[M].北京:社会科学文献出版社,2015.

[13]于长水.新型农村合作医疗制度实施效果与问题实证研究[M].武汉:湖北人民出版社,2015.

[14]叶明德.农村劳动者素质与现代化[M].北京:中国书籍出版社,2015.

[15]吴霓.农村留守儿童教育现状及问题实证研究[M].合肥:安徽教育出版社,2015.

[16]刘敏.新型农村社会救助制度的实施效果评价研究[M].北京:社会科学文献出版社,2015.

[17]郑文换.理解政策过程:中国农村社会养老保险政策试点模式研究[M].北京:社会科学文献出版社,2015.

[18]李学举.跨世纪的中国民政事业·总卷(1994—2002)[M].北京:中国社会出版社,2002.

[19]成思危.中国社会保障体系的改革与完善[M].北京:民主与建设出版社,2000.

[20]郑功成.中国社会保障制度变迁与评估[M].北京:中国人民大学出版社,2002.

[21]王保真.医疗保障[M].北京:人民卫生出版社,2005.

[22]米红,杨翠迎.农村社会养老保障制度基础理论框架研究[M].北京:光明日报出版社,2008.

[23]成保良.社会保障概论[M].北京:九州出版社,2001.

[24]孟昭华.中国民政思想史[M].北京:中国社会出版社,2000.

[25]蒋月.社会保障法概论[M].北京:法律出版社,1999.

[26]奚国泉.社会保障制度与构架[M].北京:高等教育出版社,2001.

[27]俞传尧.社会保障理论与实务[M].北京:中国财政经济出版社,2000.

[28]杨翠迎.中国农村社会保障制度研究[M].北京:中国农业出版社,2003.

[29]方乐华,张明著.社会保障法论[M].上海:世界图书出

版公司,1999.

[30]金丽馥,石宏伟.社会保障制度改革研究[M].北京:中国经济出版社,2000.

[31]宋晓梧.中国社会保障制度改革[M].北京:清华大学出版社,2001.

[32]杨良初.中国社会保障制度分析[M].北京:经济科学出版社,2003.

[33]孙光德,董克用.社会保障概论[M].北京;中国人民大学出版社,2004.

[34]李珍.社会保障理论[M].北京:中国劳动社会保障出版社,2001.

[35]邓大松.社会保险[M].北京:中国劳动社会保障出版社,2004.

[36]何雪松.社会学视野下的中国社会[M].上海:华东理工大学出版社,2002.

[37]周汉华,何峻.外国国家赔偿制度比较[M].北京:警官教育出版社,1992.

[38]刘翠霄.天大的事——中国农民社会保障制度研究[M].北京:法律出版社,2006.

[39]宋斌文.当代中国农民的社会保障问题研究[M].北京:中国财政经济出版社.2006.

[40]李君如,吴焰.建设中国特色农村社会保障体系[M].北京:中国水利水电出版社,2008.

[41]李培林,李强,马戎.社会学与中国社会[M].北京:社会科学文献出版社,2008.

[42]李立清.新型农村合作医疗制度[M].北京:人民出版社,2009.

[43]王齐彦.中国城乡社会救助体系建设研究[M].北京:人民出版社.2009.

[44]来士云.中国农村社会保障制度结构与变迁(1949—

2002)[M].北京:人民出版社,2006.

[45]林毓铭.社会保障管理体制[M].北京:社会科学文献出版社,2006.

[46]劳动和社会保障部、中共中央文献研究室.新时期劳动和社会保障重要文献选编[C].北京:中国劳动社会保障出版社、中央文献出版社,2002.

[47]孟昭华.中国民政思想史[M].北京:中国社会出版社,2000.

[48][英]罗伯特-伊斯特著,周长征等译.社会保障法[M].北京:中国劳动社会保障出版社,2003.

[49][美]约翰·罗尔斯,何怀宏等译.正义论[M].北京:中国社会科学出版社,1988.

[50][英]蒂特马斯著;江绍康译.社会政策十讲(中文版)[M].北京:商务印书馆,1991.

[51][英]贝弗里奇.贝弗里奇报告——社会保险和相关服务[M].北京:中国劳动社会保障出版社,2004.

[52][美]詹姆斯·C.斯科特著,程显、刘建等译.农民的道义经济学:东南亚的反叛与生存[M].南京:译林出版社,2001.

[53][英]Charles O. Jones. *An Introduction to the Study Of Public Policy*, *North Scituate*[M]. Mase, Duxbury Press. 1977.

[54][美]道格拉斯·C.诺斯.经济史中的结构与变迁[M].上海:上海人民出版社,1994.

[55][英]汤森.贫困的国际分析[M].纽约:哈维斯特·惠特谢夫出版社,1993.

[56]闫小欢,霍学喜.农民就业、农村社会保障和土地流转——基于河南省479个农户调查的分析[J].农业技术经济,2013(7).

[57] 纪江明,赵毅.中国区域间农村社会保障对居民消费的影响[J].中国人口资源与环境,2013(05).

[58]柴瑞娟.我国农村社会保障构建困境与求解之道——基

于国家责任的视角[J].社会科学家,2011(05).

[59]仇晓洁,温振华.中国农村社会保障财政支出效率分析[J].经济问题,2012(03).

[60]何惠珍.农村社会保障制度建设难题及其破解[J].湖南社会科学,2013(03).

[61]张运书,潘淑娟.目标与范式:日本农村社会保障制度之借鉴[J].经济理论与经济管理,2011(3).

后　　记

秋天是收获的季节。金风送爽，看着窗外明媚的阳光与桌上的书稿，不禁感慨万千。本书的写作起缘于我这些年的工作实践，在多年的工作中，在对农村社会保障体系的不断思考中，我对自己的一些思考进行了进一步的系统化。

为了完成本书投入了很多的时间和精力，我搜索、查阅了大量相关图书资料，结合自己的实践反复进行研究与思考。学术界研究农村社会保障体系的书有很多，如何建构自己的研究体系、对论点进行研究分析创新等，时常让人纠结不安，但当克服这些困难时又会感到一种难以言说的喜悦。几易其稿，终成此书。但是，当本书最终要付梓之际，也有一种不安，一是由于自身能力有限，担心自己的研究成果能否被同仁所认可；二是因为在研究的过程中，深切体会到农村社会保障体系研究工作的理论和实践发展之迅速，理论的研究总是落后于实践的需要，不知研究成果能否有效地指导实践从而达到课题研究的初衷。不安之余，也更加坚定了自己今后继续进行这一课题研究的决心和信心。

本书的出版得到了很多人的帮助，在此致以诚挚的谢意！农村社会保障研究是一个系统的工程，本书在论述的时候只能选取其中的一些内容。本书不可避免地有些不足之处，有自己考虑不全的、有自己的水平未曾达到的，诚望学界同仁和广大的读者提出批评和建议。

作者

2016 年 9 月

